KLEINE BETTLEKTÜRE FÜR GLÜCKLICHE GARTENFREUNDE

Kleine Bettlektüre für glückliche Gartenfreunde

Scherz

AUSGEWÄHLT VON
KATHARINA STEINER

Scherz Verlag, Bern München Wien

Schutzumschlag von Heinz Looser

INHALT

Weit und schön ist die Welt,
doch wie dank ich dem Himmel,
daß ein Gärtlein beschränkt,
zierlich mein eigen gehört.
Bringet mich wieder nach Hause!
Was hat ein Gärtner zu reisen?
Ehre bringt's ihm und Glück,
wenn er sein Gärtchen besorgt.

Goethe

CLAUDINE

Was ist ein Garten?

Irgend jemand hat vor zwei Jahrhunderten, in England natürlich, die Beschäftigung mit Blumen und Gärten als besonders günstig für die Tugend beschrieben: «Dieses unschuldige Vergnügen wird sowohl unser Verständnis vergrößern, als auch unsere Moral verbessern.»

So moralisch wollen wir gar nicht sein; wir brauchen auch keine Entschuldigung für unsere Freuden im Garten. Obschon das bekannte Wort «Böse Menschen haben keine Lieder» sehr gut abzuwandeln wäre in «Böse Menschen haben keine Gärten». Bis jetzt habe ich wenigstens keinen Gärtner getroffen, der böse Augen gehabt hätte. Wie sollte er? Steht er nicht Tag für Tag den Wundern der Natur gegenüber, muß er nicht geduldig, dankbar, ja demütig werden vor dem ewigen Wachsen und Entstehen?

Aber hin und wieder wird er sich auch vorkommen wie ein Gott oder, bescheidener, wie ein Zauberer: wenn durch seiner Hände Arbeit aus der nackten braunen Erde Blumen sprießen, so schön, als kämen sie auf direktem Weg aus dem Paradies. Ich wüßte rein gar nichts, das sich mit der Freude vergleichen ließe, wenn wir die erste aufgegangene Blüte einer ängstlich umsorgten Pflanze entdecken. Es ist das «Umsorgen» vor allem, und darin gleicht unser Gefühl vielleicht ein wenig der Liebe, die wir für unsere Haustiere fühlen, eine Mischung aus Zärtlichkeit und Sorge und Mühe.

Aus diesen Urgründen stammt auch der Garten-Geiz, der unser Herz bluten läßt, während wir einen Strauß schneiden, eine ganz unsinnige, aber jedem Gartenliebhaber bekannte Selbstzerfleischung. Die Garten-Gier gehört in dasselbe Kapitel, dieses Nie-genug-Haben, das immerwährende Dürsten nach Mehr, nach noch Schönerem, noch Reicherem. Geiz und Gier, zwei an sich sehr unschöne Eigenschaften, sind, auf den Garten angewandt, harmlose Quäler unser selbst. Genau wie der stereotype Satz, den wir jedem Besucher, zu welcher Zeit auch immer er unsern Garten besichtigt, entgegenschleudern: «Sie hätten ihn vor einer Woche sehen sollen!» oder «Sie müssen in vier Wochen wiederkommen, dann wird alles in Blüte stehen . . .»

Wenn ich sonntags im Garten sitze und hinüberschaue zu unserem pappelbehüteten, von Regen und Sonnenschein äußerlich schon ein wenig mitgenommenen Häuschen; wenn ich nachts vor dem Einschlafen noch wachliege und durch das geöffnete Fenster dem zärtlichen Geschwatze der Enten lausche, die ihr Nachtlager dicht an der

Ufermauer aufgeschlagen haben; wenn mich am Gartentor zwei heftig wedelnde Schwänze erwarten, der eine lang und zugespitzt, wie es sich für einen Dackel, der andere mit goldenen Fransen behängt, wie es sich für einen Apportierhund gehört; wenn irgendein Handwerker kommt, zuerst einmal versunken stehenbleibt und dann sagt: «Schön habt ihr's hier!» – dann, und nicht nur dann, schicke ich ein kleines Dankgebet zum Himmel. Ein Dankgebet für all diese Dinge, aber vielmehr noch für die Gnade, sie zu erleben. Wie leid tun mir die Menschen, die solch wunderbare, klare Freuden nicht kennen, denen es nicht gegeben ist, zu entdecken, zu sehen, zu riechen, zu hören. Und es braucht doch nicht mehr als einen Gang ins Freie oder – noch weniger – den Schritt vor die Haustür und ein Paar geöffnete Augen.

Aber die Augen werden zu oft verschattet von einer riesigen dunklen Figur: dem eigenen Ich. Es breitet sich aus, wird größer und größer, und da kann die schönste Landschaft, das zärtlichste Entchen liegen – nichts wird wahrgenommen.

Dabei fällt mir die hübsche Geschichte von der Sonne ein, die ich irgendwo gelesen und mir gemerkt habe: Einer der vielen Gehetzten, die sich sogar in den Ferien nicht davon abhalten lassen, jeden Morgen ihre Geschäftspost zu erledigen, eilte mit ebendieser Post in der Hand im Laufschritt über die Terrasse eines Hotels, als ein Bekannter, gemütlich im Lehnstuhl sitzend, den Hut halb über die Augen gezogen, ihn anrief: «Weshalb laufen Sie so? Nennen Sie das Ferien? Kommen Sie, setzen Sie sich zu mir und helfen Sie mir, eine der größten Künste auszuüben.»

«Eine der größten Künste?»

«Ja», antwortete der andere, «eine Kunst, die langsam verschwindet. Es gibt nicht mehr viel Leute, die sie kennen.»

«Dann erklären Sie es mir bitte. Ich sehe Sie keinerlei Kunst ausüben.»

«O doch», sagte der Mann im Lehnstuhl, «ich übe die Kunst aus, in der Sonne zu sitzen. Sie ist warm und riecht gut. Sie gibt uns ein friedliches Gefühl im Innern. Haben Sie je über die Sonne nachgedacht?» fragte er. «Sie hetzt sich niemals ab, ist nie aufgeregt, sie arbeitet langsam und macht keinen Lärm, sie drückt auf keine Knöpfe und antwortet nicht am Telefon, sie scheint ganz einfach und tut mehr Arbeit im Bruchteil eines Augenblicks, als Sie und ich in einem Leben tun könnten. Sie bringt die Blumen zum Blühen, die Bäume zum Wachsen, sie wärmt die Erde, läßt Obst und Gemüse und Getreide reifen, sie hebt das Wasser hoch, um es wieder auf die Erde zu senden, und vor allem gibt sie uns dieses inwendige friedliche Gefühl.»

Ob unser Garten klein ist oder groß, ob er von einem Gartenarchitekten angelegt ist oder nur ein paar Beete ums Haus herum umfaßt – er ist für uns der Ort, an den wir uns flüchten können vor dem Getriebe der Welt, an dem wir Frieden finden – und Glück.

KAREL ČAPEK

Der Boden

Sooft sich meine verstorbene Mutter in jungen Jahren Karten legte, um aus ihnen wahrzusagen, flüsterte sie stets, wenn sie eine bestimmte Karte ablegte: «Auf was ich trete.» Damals konnte ich einfach nicht begreifen, warum sie wissen wollte, worauf sie trete. Erst viele Jahre später beschäftigte es auch mich. Mir wurde nämlich bewußt, daß ich auf Erde trete.

Der Mensch kümmert sich wirklich nicht darum, worauf er tritt, er läuft gedankenlos herum, starrt höchstens in die Wolken, schaut zum Horizont oder auf die in der Ferne liegenden Berge, er blickt aber niemals unter sich, um zu erkennen, ob hier ein guter Boden ist. Du solltest einen Garten so groß wie ein Handteller oder zumindest ein Beet haben, um zu wissen, auf was du trittst. Dann, mein Lieber, würdest du merken, daß nicht einmal die Wolken so verschieden schön oder abscheulich sind wie der Boden unter deinen Füßen. Du würdest saure, bindige, lehmige, kalte, steinige und schlechte Erde unterscheiden lernen; du würdest das lockere, warme, leichte und gute Erdreich schätzen und von ihm behaupten, daß es schön sei, so wie du es von Frauen oder Wolken sagst. Du würdest ein unendlich sinnliches Wohlbehagen verspüren, wenn der Stock beim Prüfen bis zum Ellbogen in dem lockeren, weichen Erdreich versinkt oder wenn du einen Klumpen Erde in der Hand knetest, um seine leichte und feuchte Wärme zu fühlen.

Solltest du jedoch für diese eigenartige Schönheit kein Verständnis haben, so möge dir das Schicksal einige Quadratmeter Boden zur Strafe bescheren, einen Lehmboden, hart wie Zement, einen echten Naturlehm, aus dem einem die Kälte entgegenweht, der sich unter deinem Spaten wie Kaugummi krümmt, der sich an der Sonne zusammenzieht und im Schatten säuert, einen schlechten, unnachgiebigen, schmierigen Lehm, der wie eine Schlange gleitet und trocken wie Ziegelstein ist, dabei undurchlässig wie Eisen und schwer wie Blei. Und nun versuche, ihn mit der Hacke zu zerteilen, mit dem Spaten zu zerschneiden, mit dem Hammer zu zerschlagen, grabe und plage dich ab, schimpfe und fluche. Dann wirst du begreifen, was Feindschaft und Verbissenheit der Materie bedeutet, die tot und unfruchtbar ist, die sich weigert, lebendes Erdreich zu werden, und dir wird bewußt, welchen Kampf alles Lebende Jahr um Jahr führen muß, um im Erdreich Wurzeln zu fassen, ganz gleich, ob dieses Leben Pflanze oder Mensch heißt.

Dann wird dir klar, daß du dem Boden mehr geben mußt, als du von ihm forderst; du mußt ihn beizen, mit Kalk nähren, mit Dung wärmen, mit Asche lockern und mit Luft und Sonne tränken. Dann fängt der Lehmboden zu bröckeln an, als ob er leise atme, er weicht den Spatenstichen auffallend aus und fühlt sich warm und locker an: er ist gezähmt. Ich kann euch sagen, einige Quadratmeter Boden zähmen kommt einem Siege gleich. Er liegt vor euch, locker und feucht und leicht zu bearbeiten; am liebsten möchte man ihn unentwegt zwischen den Fingern bröckeln und kneten, um sich des Sieges ganz sicher zu sein; du vergißt dabei völlig, was du anpflanzen wolltest. Genügt nicht schon der Anblick des schönen dunklen, luftigen Erdreichs? Ist es nicht herrlicher als ein Beet mit Stiefmütterchen oder Möhren? Man könnte auf die Pflanzen eifersüchtig werden, die sich des edlen Menschenwerkes bemächtigen, das Gartenerde heißt.

Und von jetzt an wirst du nicht mehr auf das Erdreich treten, ohne zu wissen, worauf du trittst. Du wirst mit der Hand und dem Stock jedes bißchen Gartenerde befühlen, jede Ackerkrume wohlgefällig betrachten, so wie ein anderer nach Sternen, Menschen oder Blumen schaut. Du wirst begeistert über schwarze Erde sprechen, verliebt die lockere, waldige Lauberde zwischen den Fingern zerreiben, die feste Rasenerde und die leichte Torferde in deiner Hand wägen. Du wirst sagen, von der möchte ich einen ganzen Waggon voll haben; und, Donnerwetter, eine Fuhre von der Lauberde wäre auch sehr gut, etwas Humus, ein wenig Kuhmist und Flußsand, einige Karren voll dieser verrotteten Baumstümpfe und Schlamm aus dem Bach, mit zusammengescharrtem Straßenmist, das wäre auch nicht zu verachten, was? Dazu irgendein Phosphat und Hornspäne; aber die Ackerkrume gefiele mir auch, Herrgott noch mal! Es gibt Erde, fett wie Speck, leicht wie eine Feder, mürbe wie ein Tortenboden; es gibt helle und dunkle, trockene und feuchte Erde, und jede ist für sich gut und nützlich. Dagegen ist jede wertlos, die klebrig und klumpig, naß und zäh, kalt und unfruchtbar ist und den Menschen nur zu dem Zwecke gegeben wurde, damit er die unerlöste Materie verfluche; das alles ist genauso verwerflich wie Kälte, Verstocktheit und Boshaftigkeit der menschlichen Seele.

BRIAN CLEEVE

Sheila und der Paradiesgärtner

Der Araber stand wie ein Schatten am Fuß der Steintreppe. So still, so dunkel, so geduldig stand er da, daß ihr Herzschlag einen Augenblick aussetzte und dann wie rasend zu hämmern begann. Sie hob die Hand, um – ja, um was zu tun? Sich zu schützen? Wovor denn! Nichts bedrohte sie hier vor ihrem eigenen Bungalow.

«Ich suche Arbeit im Garten, Madame. Oder im Haushalt. Irgend etwas, wofür Madame mich benötigt.»

Zuerst schüttelte sie den Kopf. Gerald konnte die Araber nicht leiden. Das einzige, was ihrem Bruder an Marokko nicht gefiel, waren die Araber. Und im Grunde brauchten sie ja auch keinen Gärtner. Aber wenn es weiterhin so warm blieb, 28 Grad in der Sonne, sogar jetzt im Winter, dann brauchten sie eben doch einen, denn was sollte sonst aus dem Garten werden? Gestern abend war ihr schwindlig geworden, nachdem sie den ganzen Nachmittag die Erde um die Ölbäume aufgelokkert hatte, weil ja Gerald mit seinem ewigen Husten eine solche Arbeit nicht zuzumuten war ...

Der Araber war kein junger Bursche. Vielleicht über dreißig, schätzte sie, obwohl es bei einer fremden Rasse schwierig abzuschätzen war. Mahagonibraun das Gesicht, ein paar helle Fünkchen im dunklen Haar, die Augen besorgt und doch gleichzeitig von einer seltsamen Demut und Ergebenheit, als wäre er ein echter Fatalist.

«Wieviel wollen Sie?» fragte sie ihn mit ihrem schlechten Schul-Französisch. «Wieviel ein Tag, einmal die Woche?» Sie hielt den Zeigefinger der Rechten mit den Fingern der linken Hand umklammert, um ihm klarzumachen, daß einmal wöchentlich genüge.

Er hob die Hände. «Madame wird nicht kleinlich sein!»

Sie verhandelten lange wegen des Stundenlohns, ehe jeder befriedigt war. «Morgen?» fragte sie.

Er verbeugte sich, grüßte und ging auf seinen Bastsandalen lautlos die Steintreppe hinunter, nachdem er von den oberen Stufen den Terrassengarten überblickt hatte. Lautlos verschwand er. Ein Schatten. Sie ging ins Haus und stellte überrascht fest, daß es fünf Uhr war. Teezeit. Ihr Bruder war schon wach. Er saß aufrecht im Bett, hatte das Oberleintuch von sich gestoßen und die Jacke seines hellblauen Schlafanzugs halb geöffnet. Sie sah seine Brust, rosig, ohne Haare.

«Ich hab so fest geschlafen», sagte er gähnend, reckte sich und hüstelte. «Wer war das eben?»

«Ein Araber. Er hat Gartenarbeit gesucht.»

«Wir können uns eigentlich keine Hilfe leisten.

Schließlich bleiben wir nur so lange hier, bis ich wieder nach England zurück kann.»

«Ach, Gerald! Nur einmal in der Woche.» Am liebsten hätte sie hinzugesetzt: «Er ist keiner von den Frechen, von den aufdringlichen Burschen.» Statt dessen sagte sie: «Ich habe furchtbar mit ihm gehandelt. Kannst mir's glauben!»

«Ich mag aber diese braunen Gesellen nicht um mich haben!» Dann lachte er, weil es so unlogisch klang. Er durfte ja gar nicht in den Garten hinaus. «Du verstehst doch tausendmal mehr vom Gärtnern als jeder Araber», schmeichelte er ihr.

«Der erste Gärtner war ein Araber!» wiederholte sie die Worte Doktor Claudels, des europäischen Arztes, zu dem sie gleich zu Beginn ihres Aufenthalts gegangen waren, um sich Vorschriften für Geralds Kur zu holen. Seither hatten sie sich etwas näher kennengelernt. Der Arzt war in Marokko geboren, er war mit einer Halb-Marokkanerin verheiratet, und neulich beim Kaffee hatte er diesen Ausspruch getan, voller Stolz auf seine Frau und den herrlichen Garten, den sie angelegt hatte. Es war eine Farbenpracht wie eine lebende Stickerei, unterbrochen durch sanfte Grünflächen und fallendes Wasser – ein Garten aus Tausendundeiner Nacht. Madame Claudel war eine zarte, stille Frau, mit Händen wie Blütenblätter.

Hinterher hatte Sheila von diesem Garten geträumt. Sie hatte geträumt, daß sie auf dem sanften

Grün gelegen und dem silbernen Tröpfeln des Wassers gelauscht hatte, und daß plötzlich ... Nein, so etwas gab es ja nur in Tausendundeiner Nacht! Und sie war eine Engländerin in einem marokkanischen Bungalow, die ihrem kranken Bruder den Haushalt führte.

«Er verlangt so wenig, daß ich mich fast schäme!»

«Also dann einmal in der Woche. Das können wir vielleicht schaffen», erwiderte Gerald geduldig und stieg vorsichtig aus dem Bett. Selbst in der größten Hitze trug er einen Schlafanzug, und nun stand er auf dem Steinfußboden und steckte seine fleischigen, bloßen Füße in die Badepantoffeln aus rotem Frotteestoff. Die Beinlinge des Schlafanzugs strammten sich um seine dicken Beine. Seit er krank war, hatte er ständig an Gewicht zugenommen. Irgendwie schien ihn die Krankheit auch seelisch verändert zu haben. Als smarter Geschäftsmann der Londoner City war er mager gewesen, ein schlanker Windhund. Jetzt war er geduldig und schlaff und uninteressiert.

«Wie ehrgeizig ich früher war», sagte er manchmal lächelnd, wenn er sich wieder schlafen legte. Hier unten schlief er sogar nachmittags. Doch Sheila war dankbar, auch für das Leben, das sie hier führten. Es war paradiesisch, verglichen mit dem Leben in England. Nur zu einsam, zu abgeschnitten von andern Menschen ...

Am Abend, während des Essens, fing sie wieder von dem Araber an. «Ich finde, wir sollten ihm ein wenig mehr bezahlen. Nur ein ganz klein wenig mehr! Er machte einen guten Eindruck.»

Gerald wollte sich gerade ein zweites Glas Wein einschenken. Doch mit einer seltenen Energie, die fast an Ungeduld grenzte, steckte er den Korken wieder in die Flasche. «Liebes Kind», sagte er, «du weißt, wie sehr ich das Geld strecken muß, damit ich die Winter in Marokko verleben kann. Wir müssen aufpassen, wirklich. Und dein Araber ist sicher mehr als zufrieden und gratuliert sich, daß er eine so dumme Engländerin gefunden hat.»

«So ist er aber gar nicht», widersprach sie. Dann stellte sie den Rest Kartoffelsalat in den Eisschrank und kochte Kaffee. Ziemlich schwach, wegen Gerald. Morgen ... Trotz ihres leichten Schuldgefühls freute sie sich auf morgen. Endlich würde mal etwas geschehen, gab es etwas zu planen. Plötzlich fiel ihr ein, daß sie keine feste Zeit verabredet hatten.

Als sie am andern Morgen um halb acht auf den oberen Balkon trat, sah sie ihn schon an der Arbeit. Sie hörte Gerald im Schlafzimmer, er rief sie. «Frühstück?» fragte er heiser.

Noch vor dem Frühstück ging sie den steilen Weg zur unteren Terrasse hinunter, von wo ihr die dumpfen Schläge einer Haue entgegenschallten. Der Araber hatte sich das Hemd ausgezogen und arbeitete in geflickten, verblichenen Khaki-Shorts. Der Schweiß rann über seinen sehnigen braunen Oberkörper, während er die Erde rings um einen Baum auflockerte.

«Der arme Ölbaum, Madame!» sagte er, warf ihr einen halben Blick zu und arbeitete weiter. «Viel, viel Wasser nötig.»

«Ja», nickte sie betrübt. «Aber das Wasser ist so knapp!» Sie stand da und sah ihm zu, lange, wie ihr schien. Als sie wieder ins Haus ging, saß Gerald schon am Frühstückstisch, rosig und fett, wie ein kleines Küken.

«Du bist doch wohl nicht ...? In diesem Aufzug ...?» rief er.

«Im Pyjama? Sonst habe ich bloß den Bikini im Garten getragen!»

«Ja, ja!» gab er nach. «Aber jetzt mit diesem Araber ...?»

«Ich weiß, wie man mit Angestellten umgehen muß», erklärte sie hochmütig und goß kochendes Wasser auf das Kaffeepulver.

«Natürlich, natürlich», beruhigte er sie. «Was für prächtiges Wetter wir wieder haben!»

Der Mittwoch wurde «Mahmouds Tag». Der Garten veränderte sich allmählich und nahm Gestalt an. Auch die Ölbäume sahen gepflegter aus. Und überall waren Blumen. Wie bunte Kissen quoll es lila und scharlachrot aus den Mäuerchen der Steinterrassen und aus den alten Steinvasen der obersten Terrasse hervor und schäumte die Steinstufen hinab, die vom Patio zur Straße hinunterführten. Es glich einer riesengroßen, soeben begonnenen Stickerei, die hier und dort farbenfrohe Anfänge zeigte und schon das großzügige Muster andeutete, das geplant war.

An einem der folgenden Mittwochnachmittage seufzte Sheila: «Ach, Mahmoud, wenn wir nur Wasser hätten, einen Bach oder eine kleine Grotte.» Sie machte eine drollige Handbewegung: «Wasserfall! *Comprenez?*»

In der nächsten Woche erschien er mit langen Zweigen und schnitzelte eine Wünschelrute. Auch der Häusermakler hatte ihr gesagt, daß Wasser in der Nähe sei, doch läge es ziemlich tief in der Erde. Sie hatte nicht weiter daran gedacht, weil die Ausnutzung vermutlich zu teuer wurde.

«Ich finde es», erklärte Mahmoud. Nach einer Stunde hatte er eine Stelle gefunden. «Viel graben», sagte er und lächelte einschmeichelnd. «Braucht zweimal die Woche! Aber dann schönes Wasserspiel, Madame!»

Sie dachte an Gerald, der im verdunkelten Schlafzimmer lag und sein Mittagsschläfchen hielt – sicher mit offenem Mund, als wolle er sofort Einspruch erheben.

«Das wird wohl leider nicht möglich sein . . .»

«Für Madame wird's billiger bei zweimal!»

Sie einigten sich auf Mittwoch und Samstag.

Gerald klappte seinen Mund ebenso heftig zu wie sein Zigaretten-Etui, und ohne sich eine Zigarette anzuzünden.

«Nur zwei Wochen lang!» bat sie. «Stell dir doch vor: unsre eigene Quelle! Eine kleine Grotte! Vielleicht sogar ein eigenes Schwimmbecken!» Sie sah schon das Rechteck silberblauen Wassers unterhalb vom Patio und spürte die erfrischende Kühle. Als sie den Bungalow gekauft hatten, hatte Gerald gespottet: «Nur ein Dummkopf besteht auf einem Grundstück mit Wasser. Dadurch wird's gleich doppelt so teuer. Mir genügt das Wasser in meiner Badewanne.»

Das Loch, aus dem ihre Grotte werden sollte, fraß sich tiefer in die spärliche Erdkrume und das lockere, morsche Gestein. Zwei Tage wöchentlich. Neun Stunden pro Tag. Mahmoud schwang seine Haue in einem langsamen, aber kraftvollen Rhythmus, und auf seinen braunen Muskeln stand der Schweiß wie die silbernen Schüppchen einer sich häutenden Schlange. Sie brachte ihm ein Glas eisgekühlten Pfefferminztee und den Rest vom gestrigen Abendbrot (während Gerald sein Mittagsschläfchen hielt). Mahmoud trank dankbar und aß so würdevoll und ernst wie ein schönes, hungriges Katzentier.

«Sie sind eine sehr gute Madame», sagte er, und mit ihrem schlechten Gewissen dachte sie wieder an Gerald, der bestimmt nicht einverstanden gewesen wäre, hätte er gewußt, wie sie ihren Araber ernährte. Als Mahmoud ihr den Teller zurückgab, hielten sie ihn beide während des nicht gerade notwendigen Bruchteils einer Sekunde fest, und ihre Blicke trafen sich. Dann erzählte er ihr so überstürzt etwas anscheinend sehr Wichtiges über die geplante Anlage, daß sie ihm mit ihrem schlechten Französisch nicht folgen konnte. Sie schnappte ein paar Worte wie Semiramis und Koran auf und staunte über seine offensichtliche Belesenheit. «Student?» fragte sie und deutete mit dem Zeigefinger auf ihn. Aber er zuckte nur mit den Achseln, lächelte traurig und nahm sein Werkzeug zur Hand.

Mit dem leeren Geschirr sprang sie rasch die Steinstufen hinauf und spülte es atemlos ab. Sie wunderte sich, weil sie Herzklopfen hatte. Im kühlen Wohnzimmer starrte sie lange in den Spiegel. «Sheila, du bist verrückt!» sagte sie zu ihrem Spiegelbild. Sie riß sich den Kasack vom Leibe, den sie jetzt an Mahmouds Arbeitstagen über dem Bikini trug, und warf sich auf den Liegestuhl mit den Plastikschnüren und den hellroten Kissen. Dann versuchte sie zu verstehen, was in der fünf Tage alten englischen Zeitung stand. Sogar die Modeseite erschien ihr albern und unwirklich und wie «von hinter dem Mond».

Am nächsten Tag war sie immer noch schlechter Laune, benutzte die Zeitung als Fackel, um ein

Wespennest auszuräuchern, und herrschte Gerald an, der ihr gar nichts getan hatte. Er war so verblüfft, daß er sich eine Stunde lang in Schweigen hüllte. Nach der Siesta kam er freundlich lächelnd mit seinem Vorschlag an. «Ich will dir mal was sagen, Sheila, mein Kind! Was wir beide brauchen, ist eine kleine Abwechslung. Wollen heute abend leichtsinnig sein und ausgehen!»

Sie tranken zunächst einen Apéritif – auf einer Café-Terrasse, aber natürlich nicht am Meer, denn alle Strand-Cafés nahmen Piratenpreise. Trotzdem gab es auch hier allerlei gutangezogene Touristen zu sehen, die vorbeischlenderten.

Danach suchten sie eins von den phantastischen kleinen Restaurants auf, die man noch immer in Seitensträßchen antreffen kann, wenn man sie nur zu finden weiß. Sie waren, wie Gerald behauptete, «ein Stück echtes Frankreich, nach Afrika verpflanzt». Zufällig hatten sie eins gewählt, das fast leer war. Das Paar am nächsten Tisch sprach englisch, und wie es sich dann herausstellte, waren es Engländer, die im gleichen Londoner Vorort wie Sheila und Gerald wohnten. Die Dame erklärte lächelnd: «Ich hatte gerade zu Jim gesagt: ‹Sieh mal, wie nett das französische Ehepaar am Nebentisch aussieht. Es könnten beinah Engländer sein.› Und dann hörten wir Sie englisch sprechen.»

In England hätte sich Gerald sehr reserviert und kühl verhalten, hätte ihn jemand von Tisch zu

Tisch angesprochen. Doch «hier unten» war es etwas anderes, und sie verbrachten einen sehr lustigen Abend bei Kaffee und Kognak und mit einem Bummel durch die Eingeborenen-Viertel. «Wenn Sie und Ihr Bruder nicht bei uns wären, würde ich mich fürchten», sagte die Dame zu Sheila. «Es ist ein richtiges Abenteuer!» Sheila lachte. Sie war angeheitert und glaubte in jedem gutaussehenden Araber ihren Mahmoud zu erkennen. Vielleicht war er das wirklich, der sich da so plötzlich aus der Musikkapelle wegstahl, während sie zu einem letzten kühlen Drink in eine elegante Bar traten? Sheila verspottete sich selbst.

Es war schon sehr spät, als sie sich vor dem Hotel des andern Paares verabschiedeten. Sie tauschten ihre Londoner Adressen und Telefonnummern aus. «Wie schade, daß wir Sie nicht in unsern Bungalow einladen können», sagte Gerald, «aber leider sieht es zu wüst bei uns aus. Alles ist aufgewühlt. Unser Gärtner, ein Araber ...»

«Was für Glückspilze sind Sie doch!» rief die Dame. «Einen solchen Gärtner zu haben! Das klingt ja wie ein Märchen aus Tausendundeiner Nacht.»

Sheilas Schwester hatte in ihrem letzten Brief geschrieben: «Es scheint ja das reinste Paradiesgärtchen zu werden. Sind auch keine Schlangen da?»

Auf dem Rückweg war Gerald sehr guter Laune, trotz des kostspieligen Abends. Durch die Begegnung mit dem andern Paar war es teurer geworden, als er beabsichtigt hatte. «Und das Benzin müssen wir auch noch hinzurechnen. Aber ausnahmsweise mag's hingehen! Nur sollten wir deinen Gärtner bald loswerden! Er nagt an unsern Devisen. Selbst wenn ich meinen Erholungszuschuß für die Extras nehme, können wir nicht ewig...»

Die Grube wurde tiefer. Sheila war schon ganz ungeduldig. «Noch kein Wasser?» war manchmal ihr erstes Wort, das sie an Mahmoud richtete, und es klang fast heftig. «Wir müssen Wasser finden! *Comprenez?* Fertig werden!» Sie konnte sich nicht vorstellen, daß er sie absichtlich lange hinhielt, sie gar zum Narren hielt, und wenn er sie mit seinen großen, ernsten Augen ansah, bereute sie ihre Ungeduld und brachte ihm kaltes Fleisch und Salat oder ein Ei und ein Glas Milch, damit er bei Kräften blieb. Gerald beschwerte sich nie, selbst dann nicht, als er eines Sonntagmorgens mit übertriebenem Stirnrunzeln die Eier im Eisschrank nachzählte.

Sie konnte nicht länger durchschlafen. Der Winter ging seinem Ende zu, es wurde immer heißer, und wenn sie überhaupt schlief, quälten sie schlimme Träume. Dafür überließ sie sich tagsüber auf dem Liegestuhl um so verlockenderen Tagträumen. Beileibe nicht von einem schwer arbeitenden Gärtner – ob er wirklich ein Gärtner war? –, sondern einfach von schönen, sonnengebräunten jungen Männern! Nein, nicht von jungen Männern – sie war schließlich auch nicht mehr die Jüngste. Und es hieß ja immer, wenn die Männer älter würden, wären sie zärtlicher ...

Sie versuchte sich auszulachen, reckte und streckte sich und zitterte – trotz der Hitze.

Am nächsten Mittwoch war es so heiß, daß die Plastikschnüre am Liegestuhl ihr wie mit glühenden Nadeln in die Beine stachen, als sie einmal kurz aufstand und sich dann wieder hinlegte. Sie stand noch einmal auf und blickte unsicher zur Grube, aus der die dumpfen Schläge der Haue zu ihr heraufdrangen. Wurde er denn niemals müde? Am letzten Samstag hatte er gesagt, das Wasser sei sehr nah. Sie holte die Milch aus dem Eisschrank und brachte ihm ein Glas.

Er hatte den Arm zum nächsten Hieb angesetzt und lächelte ihr über die Schulter hinweg zu. Die Haue fuhr ins Gestein, Brocken barsten aus der Felswand, eine Spalte wurde breiter. Während er sich umdrehte, um das Glas Milch in Empfang zu nehmen, drang Wasser aus dem Fels!

Zuerst breitete es sich nur wie ein dunkler Fleck aus, kaum genug, um die Erde anzufeuchten. Dann erschien ein silbriger Schimmer, wie perlender Schweiß auf brauner Haut. Und endlich brach es kristallklar hervor, ein heller Strahl fiel auf den

Grund der kleinen Grube, die Mahmoud aus dem morschen Gestein gehöhlt hatte. Wasser bedeckte die Grube, Wasser stieg und stieg, und sie stand sprachlos und beobachtete, wie es zu einem dunklen Spiegel wurde.

«Wasser!» hauchte sie vorsichtig, mit gepreßtem Atem.

Mahmoud bückte sich und schöpfte etwas in die hohle Hand. Er kostete davon und blickte sie über seine Handmuschel hinweg an. Seine Augen strahlten vor Freude – wegen der geglückten Arbeit – oder weshalb sonst noch? Sie fühlten sich plötzlich so eng verbunden durch seinen Fund.

«Gutes Süßwasser», sagte Mahmoud. «Will Madame kosten?»

Sie blickte ihn an. Seine Hand hob sich kaum und schien sich doch ihrem Mund zu nähern. Oder war es ihr Kopf, der sich ihm zuneigte? Sie spürte, wie sie zu zittern begann. Sie wollte sagen: «Nicht, Mahmoud!» Aber wie konnte sie das? Er hatte ja gar nichts getan, sich nicht bewegt! Sie brachte ein geflüstertes «Mahmoud!» heraus, das war alles. Dann berührte ihr Mund das Wasser und ihr Kinn die warme Kante seiner Handmuschel. «Mahmoud!» flüsterte sie wieder, mit zitternden Lippen und erschrocken aufgerissenen Augen. Doch alles, was sie sah, war Mahmouds ernstes Gesicht.

Das Wasser erfrischte ihre ausgedörrten Lippen.

Als Gerald erwachte, hatte sie schon den Teetisch gedeckt. «Oh, wie fest ich geschlafen habe!» rief er wieder einmal.

«Wir sind auf Wasser gestoßen», berichtete sie sachlich.

«Endlich! Jetzt bist du wohl zufrieden?»

Sie wußte, was nun folgen würde, und kam ihm zuvor. «Natürlich brauchen wir Mahmoud auch weiterhin», erklärte sie kühl. «Jetzt muß er die Grotte ausbauen und das Wasser einfassen, damit sich ein kleiner Wasserfall bildet. Und außerdem das Bewässern all der Blumen, da es auf den Sommer zugeht ... Ich finde, wir sollten ihn dreimal die Woche nehmen.» Ihre Stimme war ebenso ruhig wie ihre Hand, die nach dem Kuchen griff.

«Nein, hör mal, Sheila, mein gutes Kind! Genug ist genug, sollt ich meinen!» rief er mit kauendem Mund. «Wir sind keine Millionäre, selbst in England nicht!»

«Leider», seufzte sie. «Da hast du recht. Also dann müssen wir uns mit zweimal wöchentlich begnügen.»

Gerald lachte erleichtert, weil er wenigstens das drohende dritte Mal abgewehrt hatte. «Wofür der Mann uns wohl hält?»

«Du scheinst dir ja ein richtiges kleines Paradies zu schaffen», schrieb Sheilas Schwester aus England.

Und Sheila antwortete: «Ja, es heißt doch immer, wenn eine Frau in die Dreißig kommt, ist das beste Hobby ein Garten. Mit einem guten Gärtner ...»

Willst du eine Stunde glücklich sein
dann betrinke dich!
Willst du drei Tage glücklich sein,
dann heirate!
Willst du eine Woche glücklich sein,
dann schlachte ein Schwein!
Willst du ein Leben lang glücklich sein,
dann werde Gärtner!

Chinesischer Spruch

BETTY MACDONALD

Der Reiz des Unerreichbaren

Kataloge von Samenhandlungen sind für mich die anregendste Lektüre und Samenhandlungen die großzügigsten Unternehmungen, die ich kenne. Sie fragten niemals mißtrauisch nach dem Beweggrund, wenn ich mir ihre Kataloge bestellte, obwohl sich aus der Bestellung ersehen ließ, daß ich in der westlichsten Ecke der Vereinigten Staaten lebte und sie ihre Kataloge meist mit farbenprächtigen Abbildungen tropischer Pflanzen und Blumen schmückten. Orangenbäume in voller Pracht und Blüte, Zitronenbäume, Magnolien von nie gesehenen Ausmaßen und Pfefferblüten prangten da, und schon die Namen gaukelten einem lockende Bilder von warmen, südlichen Gegenden vor. Spanische Feuerlilie, Mexikanische Flammenblume, Afrikanische Sternblume nannten sich die exotischen Gewächse. An besonders trüben, regennassen Novembertagen nahm ich mir einen dieser Kataloge vor, blätterte eine Weile darin und konnte dann, ohne zu frösteln, zum Fenster hinaus auf die grau verschleierte Landschaft sehen, während meine Ohren das liebliche Summen der Bienen, meine Augen schwellende, tropische Blumenhaine und meine Nase schmeichelnde Düfte wahrnahmen.

Kamen im Frühling die neuen Kataloge, stürzte ich mich mit Feuereifer auf sie und verfaßte Listen mit den zu bestellenden Samen; zählte ich die Preise zusammen, so ergaben sich meist Summen so um die zweihundertachtzig Dollar herum, und ich ergriff stirnrunzelnd den Bleistift und strich den größten Teil der Posten wieder aus. Hielt sich die Bestellung endlich in erschwinglichen Grenzen, schickte ich die Liste ab und wartete hoffnungsfroh auf die Samenbeutel. Gegen besseres Wissen und Gewissen bestellte ich fast jedesmal halbtropische Pflanzen von einer mittleren Samenhandlung, die unweigerlich Brunnenkresse als «Belgisch-Kongo-Mondschimmer-Blüten» und kalifornischen Mohn als «Ostindische Beutelblume» bezeichnete und in die Samentüten nie mehr als drei Samenkörnchen legte. Die Geschäftsprinzipien der betreffenden Handlung waren nicht gerade sehr anständig, aber beim Anblick ihres Kataloges wurde mir warm.

Bob, der die benötigten Samen schon Wochen im voraus bei einer Firma der Gegend bestellt hatte, hörte sich schweigend meine phantasievollen Zukunftsträume von rankenden Flammenblumen und wogenden Ostindischen Beutelblumen im vorderen Garten an, schaufelte dann einen Graben über die ganze Breite des Gemüsegartens, düngte ihn mit Hühnermist, füllte ihn mit kräftiger brauner Erde und pflanzte Wicken.

Im zweiten Frühling ließ sich Bob herbei, mir für meinen tropischen Blumenflor einen Treibhauskasten zu basteln. Er tat dies nicht etwa spontan und voller Freude, sondern eher schweigsam. Als er die Nägel in die Seitenleisten schlug, murmelte er etwas von «Steter Tropfen höhlt den Stein», aber der Kasten wurde sehr schön, nach Süden gerichtet, mit drei Abteilungen, Scharnieren und kleinen Stützen für die Fensterrahmen, wenn ich sie offen halten wollte. Nun brauchte ich nur noch auf den bestellten Samen und eine kleine Abweichung vom üblichen Klima zu warten, und der Erfolg mußte mein sein. Mittlerweile wurde es Zeit, den Gemüsegarten zu bestellen. Wenn ich an die Farmer in New England dachte, die ihren Boden mit harter Arbeit und Schweiß düngen müssen, damit er etwas abwirft, fühlte ich mich beinahe schuldbewußt. Unsere Erde war von Natur aus gelb und lehmig und mit Kompost und Hühnermist gedüngt fast unanständig fruchtbar. Bob pflanzte alles in Würfeln und Reihen, und was er pflanzte, sproß gerade und im vorgeschriebenen Abstand voneinander in die Höhe. Kaum war der Samen im Boden, begann er schon, sich zu regen und zu keimen; und die weitere Entwicklung zu beobachten, war so befriedigend, wie die Entwicklung einer staatlichen Post-Obligation zu verfolgen, wo sich zum investierten Kapital mit pünktlicher Selbstverständlichkeit die Zinsen häufen, bis es Zeit wird, die Zinsen als kleines Eigenkapital arbeiten zu lassen.

Bobs Garten war ein Musterbeispiel an Symmetrie und Ordnung. Am Rand hatte er Rhabarberstauden gepflanzt mit Stengeln, dick wie Arme und triefend von Saft, wenn man sie schnitt. Zwischen den Rhabarberstauden sproß Petersilie, Schnittlauch, Basilienkraut, Thymian, Salbei, Majoran, Anis und Dill. Ich täte an alles, was ich kochte, Petersilie, behauptete Bob, nur bei der Eiscreme machte ich eine Ausnahme. Aber er war ehrlich genug, zuzugeben, daß gedämpfte Nierchen mit Spaghetti einem ohne Kräuter nicht mehr mundeten, hatte man sie einmal so bereitet gegessen. Von den Wicken bis zu den Rhabarberstauden wuchsen in fünfzehn Meter langen Reihen Schoten, frühe und späte Karotten, weiße Rüben, rote Rüben, Schwarzwurzeln, Sellerieblätter, Sellerieknollen, Lauch, Endivien, Spargelkohl, Weißkohl, Blumenkohl, Mais, Bohnen, Tomaten, Kürbisse, Rettiche, Zwiebeln (die milden flachen Bermudas, die beinahe so groß wie Äpfel werden) und Rosenkohl. Dem Bruthaus gegenüber (genauer gesagt, der Stelle, wo in diesem Jahr das Bruthaus stand, gegenüber) legte Bob ein Spargelbeet an, das meiner Schätzung nach gereicht hätte, die Bevölkerung von Columbia River bis zum Stillen Ozean zu ernähren, vorausgesetzt, daß der Spargel so kam, wie wir es von ihm erwarteten. Die Periode des Wachsens, oder besser die Periode des Reifens, war knapp bemessen bei uns, denn wir hatten späten Frost und einen kurzen Sommer, aber die milden Winter und die langen, kühlen Frühlinge machten das Gemüse ausnehmend kräftig. Nichts wurde zäh oder zu scharf oder trocken, und selbst wenn wir vergaßen, die Karotten zu ernten, und sie versehentlich über den Winter im Boden blieben, schmeckten sie im nächsten Frühjahr noch zart. Es war ein Gemüseparadies, nur die Stämme unserer englischen Nuß- und Aprikosenbäume mußten wir mit Stroh umwickeln, und trotzdem erfroren die Blüten manchmal.

Bei Bobs Gärtnererfolgen ärgerte ich mich natürlich jedesmal, wenn bei meinen Beeten Kraut und Rüben durcheinanderschoß. Sonderbarerweise verschwand das, was ich säte, oft spurlos. Andere Samen trieben schon am nächsten Morgen in die Höhe, als gelte es, ein Wettrennen zu gewinnen; und wieder andere bequemten sich erst zum Gedeihen, wenn ich schon die Hoffnung aufgegeben und über ihnen etwa Neues gepflanzt hatte. Spürten sie dies, erwachte ihr Ehrgeiz, und dann wuchs alles durcheinander. An einer Stelle stritten sich dicke Büschel um den Vorrang, daneben war der Boden verödet, und etwas weiter streckte sich verschämt ein kleines Pflänzchen gen Himmel, aber seitlich davon balgten sie sich gruppenweise um Luft und Licht. Meine Pflanzen litten auch insgesamt an schwacher Gesundheit, und ich darf mich rühmen, mehr Pflanzenkrankheiten in die nördliche Hemisphäre eingeführt zu haben, als es vor mir irgend jemand gelungen ist. Ich vertraute dem Boden Brunnenkresse und Hahnenfuß an, und sie hatten kaum die Erdkruste durchstoßen, da waren sie schon mit Dschungelfäule und Himalaja-Fleckenauswuchs bedeckt. Ich konnte mich schließlich der Erkenntnis nicht mehr verschließen, daß meine Berührung den Pflanzen nicht guttat. Ich hatte kein Talent zur zweiten Mowgli oder zur Hirtin der Berge, denn ich haßte all das Kraut, was sich naseweis vordrängte, und das Kraut haßte mich auch. Bob dagegen ließ sich von der Natur nicht einschüchtern, und seine Wicken hatten Riesenstengel und Blüten wie Gladiolen.

Der Mann, von dem wir unsere Blumenzwiebeln kauften, gab mir seine schönsten Dahlienknollen und behielt nur die scheußlichen lila Ungetüme, aber als er sah, was sich aus den vielversprechenden Zwiebeln bei mir entwickelt hatte, seufzte er und meinte gutmütig: «Sie sollten sich 'nen anderen Zeitvertreib suchen. 's gibt Leute, die haben einfach den Dreh nicht 'raus, und da is' besser, sie probieren's mit 'ner neuen Liebhaberei.»

HERMANN HESSE

Gartenpolitik

Dieser Tage ging ich des Vormittags nach gelesener Post in den Garten. Ich sage «Garten», doch ist es in Wirklichkeit ein ziemlich steiler und sehr im Verwildern begriffener Grashang mit einigen

Rebenterrassen, wo die Rebstöcke zwar von unsrem alten Taglöhner gut gehalten werden, alles andre aber die heftige Tendenz zeigt, sich in Wald zurückzuverwandeln. Wo vor zwei Jahren noch Wiese war, da ist das Gras jetzt dünn und kahl, statt seiner gedeihen Anemonen, Salomonssiegel, Einbeere, Heidelbeere, da und dort auch schon Brombeere und Heidekraut, dazwischen überall wolliges Moos. Dies Moos samt seinen Nachbarpflanzen müßte von Schafen abgeweidet und der Boden von ihren Hufen festgetreten werden, um die Wiese zu retten, aber wir haben keine Schafe und hätten für die gerettete Wiese auch keinen Dung, und so kriecht das zähe Wurzelgeflecht der Heidelbeere und ihrer Kameraden von Jahr zu Jahr tiefer ins Grasland hinein, dessen Erde damit wieder zu Waldboden wird.

Je nach Laune sehe ich dieser Rückverwandlung mit Unmut oder mit Vergnügen zu. Zuweilen suche ich meiner Wiese das Waldwerden etwas zu erschweren. Ein andermal bleibe ich vor jenem Erdwall stehen, den wir vor mehr als zwanzig Jahren am Südrand des Grundstücks aufgeworfen haben, er besteht aus der Erde und den zahllosen Steinen, die beim Ziehen eines Schutzgrabens, zur Abhaltung des benachbarten Waldes, ausgehoben wurden, und war einst mit Himbeeren bepflanzt. Jetzt ist dieser Wall mit Moos, Waldgräsern, Farnen, Heidelbeeren überzogen, und einige schon ganz stattliche Bäume, namentlich eine schattige Linde, stehen dort als Vorposten des langsam wieder andrängenden Waldes. Ich hatte, an diesem besonderen Vormittag, nichts gegen Moos und Gestrüpp, gegen Verwilderung und Wald, sondern sah dem Gedeihen der wilden Pflanzenwelt mit Bewunderung und Vergnügen zu. Und in der Wiese standen überall die jungen Narzissen, mit fleischigem Blattwerk, noch nicht ganz erblüht, mit noch geschlossenen, noch nicht weißen, sondern sanftgelben Kelchen von der Farbe der Freesien.

Ich ging also langsam durch den Garten, sah mir das junge, rotbraune und von der Morgensonne durchschienene Rosenlaub und die kahlen Strünke der eben wieder ausgepflanzten Dahlien an, zwischen denen mit unbändiger Lebenskraft die feisten Schäfte der Türkenbundlilien emporstrebten, hörte weiter unten im Gelände den treuen Weinbergmann Lorenzo mit Gießkannen klappern und beschloß, ihn anzusprechen und allerlei Gartenpolitik mit ihm zu beraten. Langsam stieg ich von Terrasse zu Terrasse den Hang hinab, mit einigem Werkzeug bewaffnet, freute mich an den Traubenhyazinthen im Grase, die ich vor vielen Jahren einst zu Hunderten über den Hang verteilt habe, überlegte mir, welches Beet dies Jahr für die Zinnien in Betracht komme, sah mit Freude den schönen Goldlack blühen und sah mit Unbehagen die Lücken und brüchigen Stellen in der aus Zweigen geflochtenen Umzäunung des oberen Komposthaufens, der ganz mit dem schönen Rot der gefallenen Kamelienblüten bedeckt war. Ich stieg vollends hinab bis zum ebenen Gemüsegarten, begrüßte Lorenzo und brachte das geplante Gespräch in Gang durch die Frage nach seinem und seiner Frau Befinden und einen Meinungsaustausch über das Wetter. Gut, daß offenbar etwas Regen kommen würde, meinte ich. Lorenzo aber, der beinah gleich alt ist wie ich, stützte sich auf seinen Spaten, warf einen kurzen schrägen Blick auf das treibende Gewölk und schüttelte den grauen Kopf. Es werde heut kein Regen kommen. Man könnte ja nie wissen, es gebe auch Überraschungen, obgleich ... und nochmals schielte er listig himmelwärts, schüttelte den Kopf energischer und schloß das Regengespräch: *«No, Signore.»*

Wir sprachen nun von den Gemüsen, den frisch gesteckten Zwiebeln, ich lobte alles sehr und lenkte zu meinen eigentlichen Anliegen hinüber. Die Umzäunung droben beim Komposthaufen könnte wohl nicht lang mehr halten, ich würde zu ihrer Erneuerung raten, natürlich nicht gerade jetzt, wo es alle Hände voll und mehr noch zu tun gäbe, aber so gegen den Herbst oder Winter hin vielleicht einmal? Er war einverstanden, und wir fanden, wenn er dann an diese Arbeit gehe, wäre es richtig, nicht bloß das Geflecht aus grünen Kastanienästen zu erneuern, sondern auch gleich die

Pfähle. Sie würden zwar schon noch ein Jährchen standhalten, aber es wäre doch besser ... Ja, sagte ich, und da wir schon vom Komposthaufen sprächen, wäre es mir auch lieb, wenn er im Herbst nicht wieder die ganze gute Erde den oberen Beeten geben, sondern mir etwas für die Blumenterrasse beiseite tun würde, wenigstens ein paar Schubkarren voll. Gut, und dann dürften wir auch nicht vergessen, dies Jahr die Erdbeeren zu vermehren und das unterste Erdbeerenbeet, das bei der Hecke, das schon manche Jahre stehe, abzuräumen. Und so fiel bald mir, bald ihm noch dies und jenes Gute und Nützliche ein, für den Sommer, für den September, für den Herbst. Und nachdem wir das alles schön durchgesprochen hatten, ging ich weiter, und Lorenzo machte sich wieder an die Arbeit, und wir waren beide mit den Ergebnissen unserer Beratung zufrieden.

Keinem von uns war es eingefallen, etwa plump an einen uns beiden wohlbekannten Sachverhalt zu erinnern, was unser Gespräch gestört und illusorisch gemacht hätte. Wir hatten schlicht und gutgläubig, oder doch nahezu gutgläubig, miteinander verhandelt. Und doch wußte Lorenzo ebensogut wie ich, daß dies Gespräch mit seinen guten Vorsätzen und Planungen weder in seinem noch in meinem Gedächtnis haften würde, daß wir beide es in längstens vierzehn Tagen ganz und gar würden vergessen haben, Monate vor den Terminen für das Instandsetzen des Komposthaufens und für das Vermehren der Erdbeerpflanzen. Unser Morgengespräch unter dem nicht zum Regnen geneigten Himmel war einzig um seiner selbst willen geführt worden, ein Spiel, ein Divertimento, eine rein ästhetische Unternehmung ohne Folgen. Mir war es ein Vergnügen gewesen, eine Weile in Lorenzos gutes altes Gesicht zu blicken und Objekt seiner Diplomatie zu sein, die dem Partner, ohne ihn ernst zu nehmen, eine Schutzwand hübschester Höflichkeit entgegenstellt. Auch haben wir als Altersgenossen ein Gefühl von Brüderlichkeit füreinander, und wenn einer von uns einmal besonders stark hinkt oder besondere Schwierigkeiten mit den geschwollenen Fingern hat, wird darüber zwar nicht geredet, aber der andere lächelt verstehend und leicht überlegen und hat für diesmal das Gefühl einer gewissen Genugtuung, auf der Basis seiner Zusammengehörigkeit und Sympathie, wobei jeder nicht ungern sich als den augenblicklich Rüstigeren empfindet, doch aber auch mit einem vorwegnehmenden Bedauern des Tages denkt, an dem der andere nicht mehr neben ihm stehen wird.

Und jedesmal, wenn ich mit Lorenzo rede, muß ich an Natalina denken, die nun schon mehr als zehn Jahre begraben liegt und nach deren Tod ich einst zum erstenmal in meinem Garten und bei meinem Spiel mit gärtnerischer Arbeit jenes etwas bittre Gefühl von Leere und Nutzlosigkeit spürte, das mir mit der Zeit so vertraut geworden ist. Übrigens waren, was den Garten betrifft, Natalina und Lorenzo keineswegs einig und Freunde, sondern betrachteten einander mit dem wachen, mißtrauisch-spöttischen Blick kritischer Konkurrenten. Er, der Bauer, war Schwerarbeiter, seine Sache war Graben, Wasser oder Steine schleppen, Pfähle spitzen und eintreiben, Bäume fällen. Sie aber, die kleine, zierliche, geschickte, überaus redegewandte Natalina war im Umgang mit Pflanzen ebenso begabt und erfolgreich wie am Kochherd, ihr gedieh unter zart sorgenden Händen noch der verlorenste Ableger und Wurzelstrunk, heut noch steht da und dort ein Denkmal ihrer feinfühligen Gartenkunst, eine altmodische Zentifolien-Rose, eine riesige Hortensie, ein paar Christrosen, die schöne weiße Lilie. Man kann sie nicht vergessen, sie half unsre besten Jahre behüten und verschönern, sie war mein Hausgeist während meiner Eremitenjahre und unsere treue Dienerin und Kameradin nach der Heirat und dem Hausbau. Ach und wie sie sich auszudrücken verstand! Ihre treffenden Vokabeln, ihre schön und straff gebauten Sätze hätten weder Manzoni noch Fogazzaro Schande gemacht, und einige ihrer klassischen Formulierungen werden bei uns noch heute zuweilen zitiert. So etwa die von dem großen rotblonden Kater, den sie nach vollendetem Hausbau leihweise für einige Tage zu uns bringen wollte, um etwa vorhandene Mäuse zu verjagen, der aber gleich wieder davonlief, nach Natalinas Deutung entsetzt über die Pracht unserer neu eingerichteten Stuben. «*Ma lui, spaventato di tanto lusso, scappava.*» Zu deutsch: Er aber, erschreckt durch so viel Luxus, ergriff die Flucht.

ALBERTUS MAGNUS

Gartenentzücken

Man muß einen Platz, der für einen Lustgarten eingerichtet werden soll, zuerst von alten Wurzeln gut säubern, was kaum möglich ist, wenn man nicht die Wurzeln ausgräbt, den Platz auf das beste ebnet und allenthalben gehörig mit kochendem Wasser(!) übergießt, damit die Reste der Wurzeln und Samen, die im Boden verborgen liegen, verbrüht werden und nirgendwo keimen können. Alsdann muß mit dünnen Rasenstücken eines feinen Grases der ganze Platz belegt, dieselben mit breiten, hölzernen Hämmern fest eingedrückt und die Gräser mit den Füßen in den Boden eingestampft werden, bis sie kaum mehr zu sehen sind: Dann brechen sie allmählich haarfein hervor und bedecken die Oberfläche wie ein grünes Tuch. Man muß den Rasen in solchem Ausmaß anlegen, daß hinter ihm im rechteckigen Ausschnitt alle Arten aromatischer Kräuter wie Raute, Salbei, Basilikum gepflanzt werden können und desgleichen die Arten von Blumen wie Veilchen, Akelei, Lilie, Rose, Schwertlilie und ähnliche. Zwischen diesen Kräuterbeeten und dem vorgenannten Rasenstück soll am Ende desselben ein erhöhtes Rasenstück angelegt werden voll lieblicher Blumen und ungefähr in der Mitte zum Sitzen geeignet, wo sich die Sinne erholen und man sitzen kann, um sich ergötzlich auszuruhen.

Auf dem Rasen sind gegen die Sonnenseite Bäume zu pflanzen oder Weinreben hochzuziehen, durch deren Laub der Rasen gewissermaßen geschützt ist und ergötzlichen und frischen Schatten empfängt. Von solchen Bäumen erwartet man mehr Schatten als Früchte, und deshalb kümmert man sich nicht viel um ihre Bodenbearbeitung und Düngung, welche dem Rasen vielen Schaden zufügen würde. Man muß sich davor in acht nehmen, daß die Bäume nicht allzu dicht stehen und es allzu viele sind, weil das Fernhalten des frischen Luftzuges das Wohlbefinden beeinträchtigen könnte. Darum soll der Lustgarten freie Luft und Schatten haben. Dann muß man sich noch davor hüten, daß die Bäume bitter sind, weil deren Schatten Schwächezustände erzeugt, wie das bei der Welschnuß und andern Bäumen der Fall ist. Die Bäume sollen vielmehr süßer Natur sein, mit wohlriechenden Blüten und angenehmem Schatten, wie den Weinstöcken, den Birn- und Apfelbäumen, den Granatäpfeln, dem Lorbeer und den Zypressen. Hinter dem Rasen aber herrsche eine Vielzahl von Heil- und Würzkräutern, welche nicht allein durch ihren Geruch ergötzen, sondern auch durch die Mannigfaltigkeit der Blüten das Auge erfreuen und durch ihre Vielgestaltigkeit den Blick des Beschauers auf sich lenken. Solchen Pflanzungen soll besonders die Raute beigemischt werden, weil sie ein schönes Grün hat und durch ihre Bitterkeit die giftigen Tiere aus dem Lustgarten verscheucht.

In der Mitte des Rasens aber sei kein Baum, sondern lieber glatte Fläche, so daß man sich an gesunder und freier Luft erfreuen kann und weil dann auch nicht die von Baum zu Baumgezweig ausgespannten Spinnennetze die Dahingehenden behindern und bedecken können, wenn nämlich der Rasen mit Bäumen bepflanzt wäre.

Wenn es aber möglich ist, soll eine sehr reine, in Stein gefaßte Quelle in die Mitte geleitet werden, weil deren Reinheit viel Vergnügen bereitet. Nach Norden und nach Osten sei der Lustgarten offen wegen der Gesundheit und Reinheit der hier einströmenden Lüfte. Nach der entgegengesetzten Windrichtung aber, das heißt nach Süden und Westen, sei er geschlossen wegen der Stürmischkeit, Unreinheit und schwächenden Wirkung dieser Lüfte. Wenn auch der Nordwind die Fruchtbildung behindert, so bewahrt er doch in wunderbarer Weise die geistige und körperliche Gesundheit des Menschen. Ergötzung nämlich verlangt man vom Lustgarten und keine Früchte.

Die Freude, die wir an den Blumen haben,
das ist noch ordentlich vom Paradiese her.
Philipp Otto Runge

EUGEN SKASA-WEISS

Familiensinn der Erdbeeren

Erdbeeren haben ungeheuer viel Familiensinn, und dieses Lob betrifft weniger die Beeren als die Stauden.

Diese Stauden schicken ihre Jugend an langen Leitseilen sternförmig in die weite Welt. Kaum haben die jungen Leute ein wenig Boden unter den

Füßen, spielen sie ihrerseits Erwachsene und schicken an kurzen Zwergpinscherleinen neue Erdbeerjunge über die Beete, die ihrerseits . . .

Am besten, man hört beizeiten mit dem Erzählen so vieler froher Ereignisse auf. Die jungen Erdbeerbanditen tun uns diesen Gefallen nicht. Sie würden bedenkenlos unsere Hauswände erklettern, um die Dächer unter Erdbeerlasten einzudrücken, wenn die Gärtner gegen dieses familiensinnige Verfahren nicht mit Zupfefingern vorgingen.

Also, sie geben es ihnen. Leute, die Erdbeeren nur im Körbchen gesehen haben, schütteln darüber den Kopf. «So laßt sie doch machen», sagen sie, «Erdbeeren sind gut, die Jugend will sich austoben – wir haben noch gar nicht gewußt, wie leicht es ist, die Welt mit billigen Erdbeeren anzufüllen . . .»

Vor fünf Jahren ist mir eines jener galoppierenden Erdbeerjüngelchen ausgekommen, das von seiner Nabelschnur auf den Kiesweg gesteuert worden war, der am Steingarten vorbeiführt. Im Kies fand es selbstverständlich wenig, was ihm schmeckte, aber es krallte sich für alle Fälle ein, ließ sich flachtreten und warf heimlich eine fadendünne Nabelschnur in Richtung Steingarten aus. An ihrem Ende entwickelte sich ein Junges, das, unter Erdbeeren gesprochen, kaum majestätischer als eine Spinne war. Diese Spinne hatte nichts anderes im Kopf, als ein vermehrungslustiges Erdbeerdingelchen in die Welt zu setzen, das mit einem wahren Kletterseil von Nabelschnur den Tuffstein bestieg, hinter dem die behütete Welt des Alpinums lag.

Hinauf, hinunter, hinein – das war die Familienleistung dieses ersten Jahres. Der Erdbeerliliputaner, der hinüberfand, krallte sich in die Blaukissen und wurde darin so fest und dreist wie ein junger Kuckuck. In Blaukissen muß sich's herrlich und in Freuden leben lassen, denn bald strahlte die grüne Daseinsfreude unreifer Erdbeerbürschchen aus dem Steingartenphlox und zwischen dem Mauerpfeffer. Sie standen kreuzfidel auf ihren Wurzelbürstenpfötchen und bestürmten mich mit schneeigen Blütensternchen, sie in Ruhe zu lassen. Anfang Juli tröpfelten rubinrote Erdbeerkugeln zwischen den verblühten Aubretien und Arabispolstern. Es waren drei, vier Handvoll, als ich sie pflückte.

Rubinrote Erdbeeren im Steingarten – ist das kein Dessin, das Gartenarchitekten zu Tränen rühren könnte?

Einen Sommer lang, warum nicht. Diese gartenarchitektonischen Tränen erstarrten im nächsten Jahr zu Eis. Der Familiensinn der Erdbeeren hatte die Blaukissen eingestampft und die Sonnenröschen unter den Steigeisen kletternder Erdbeerpfadfinder in die Tuffsteinlöcher gepreßt.

Eine frivole Generation, die vom Kampf ums Dasein gehört hatte und auf Auslandsfahrten brauchbare Erlebnisse sammeln wollte, hatte sich hinüber auf den Rasen geschwungen. Sie unterwanderte das Gras und stemmte sich, mit Nachwuchs verschwenderisch um sich werfend, in die Pfründe des Hahnenfußes und der Lichtnelke.

Als sie dem Rasenmäher zum Opfer fielen, konnte man sehen, welche Lebenskraft in illegalen Erdbeeren steckt – sie maßen ihrem Geköpftsein keinerlei Bedeutung bei und schickten sich an, in aller Eile nachzublühen und mit hocherfreuten Erdbeerköpfchen aus dem Rasen zu lachen. Ein gepflegtes Erdbeerbeet, das ein schizophrener Gärtner einfach mit der Sense hinmordete, würde den Teufel tun und in diesem Schreckensjahr kaum mehr Erdbeeren liefern. Meine Rasen- und Steingartenerdbeeren hingegen bestachen mich geistesgegenwärtig mit den kostbarsten Erdbeeren. Jetzt, im fünften Jahr, liefern sie ein Erdbeerkontingent, das volkswirtschaftlich den Wert eines Steingartens weit übersteigt. Aber den Steingarten selbst haben sie zur Schnecke gemacht, die Lust, als Alpinum aufzutreten, ist ihm vergangen. Er ist ein Erdbeerbeet geworden, das gepflegt werden will, sonst stellt es plötzlich keine Früchte mehr auf den Tisch. So wird das gemacht.

Die Moral, daß der Segen des Himmels rechtzeitig in die Schranken gewiesen werden muß, klingt nicht besonders nach Moral. Man begreift ihre Wahrheit erst, wenn man sich eine Primadonna vor Augen hält und zugibt, was für eine prächtige Erdbeere sie neben uns anderen Früchten darstellt. Aber sobald sie wie die Erdbeeren unausgesetzt an kurzen und langen Leinen kleine Callas in die Runde schickte, die alles mit erdbeerrotem Arienjubel erfüllten und unterdes wieder laute kleine Callas an Bindfäden abspulten – ich glaube, dann wäre es an der Zeit, diesen paradiesischen Garten von musikliebenden Gärtnern mit besonders scharfen Harken, die nach Noten jäten, neu bestellen zu lassen.

AUGUST STRINDBERG

18 × 18 Schritt Erdreich

Mein Garten, der durchaus nicht mein ist, ist auf jeden Fall eine sehr kleine Einrichtung, wie ein Garten zum Hausbedarf sein soll, wenn man nicht einen Gärtner haben will. Mit achtzehn langen Schritten nehme ich ihn in der Länge und mit gleich vielen in der Breite, so daß er wohl eine Fläche von ein Dreißigstel Hektar haben kann.

Das Erdreich ist sanduntermischter Steinkies,

mit wenig Moorhumus, und da der Grund noch vor kurzem Grasmatte war, ist die Quecke in Überfluß vorhanden. Der Quecke könnte ich wohl den Tod antun, aber ich habe auch Nachbarn: einen, der Hofbesitzer ist, einen, der Pächter ist, und beide betreiben eine großartige Distelkultur auf beiden Seiten; und welcher Wind auch weht, ich habe Distelsamen bei mir. Aber meine Nachbarn halten auch Hühner, deren Hähne ihren Kampfplatz in meinen Garten verlegen; und sie haben auch einen Hund, der auf Gartenerdbeeren geht, aber nicht auf Singvögel; eine garstige Hündin, die keinen Fisch frißt, aber vor den roten Johannisbeeren steht! Sie haben auch Kinder, die Nachbarn, aber mit den Kindern ist es eine eigene Sache, die kann man bestechen, wenn man sie auch nicht dressieren kann.

Wenn der Monat März kommt mit etwas Sonne auf den Straßen und Doppelfenstern Stockholms, so kaufe ich von meinem Gewürzkrämer einige niedrige Seifenkasten oder dergleichen und vom nächsten Gärtner einige Metzen Erde. Und in die Kasten säe ich meine Pflanzen zum Sommer, denn mein Garten hat auch den Nachteil, eine Seemeile vom Gärtner abzuliegen, und ich würde ein Königreich für ein Pferd geben müssen, das es draußen nicht gibt; das für Mistbeete unentbehrliche Pferd!

Doch ich säe nur das Allernotwendigste; und

dazu rechne ich Salat, Blumenkohl, Zuckerhutkohl. In verschiedene kleine Töpfe lege ich Melonen- und Gurkenkerne, denn die werden ohne Erdkloß nur mit großem Zeitverlust umgepflanzt.

In der Blumenabteilung befasse ich mich nur mit Levkojen und Reseda, da die andern sich leicht an Ort und Stelle säen lassen und dort am besten gedeihen.

Wenn jetzt die Stadtsonne sehr eifrig ist, schießen meine Pflanzen ins Kraut und neigen sich dem Fenster zu. Da nehme ich sie auf, schneide die Pfahlwurzel ab und setze sie bis zum Herzblatt nieder, worauf sie wieder schießen, jetzt aber solider als früher.

Und wenn ich Anfang Mai hinausziehe, habe ich meine Schützlinge in besonders eingerichtete Kasten eingepackt; was beschwerlich ist und ein wenig teuer, aber nicht so beschwerlich, wie zwei Seemeilen rudern, und nicht so dumm, wie ein Pferd kaufen, wo es keine Fahrwege gibt.

Wenn ich hinauskomme, stehen meine Narzissen, Tulpen und Krokusse in Flor, aber es ist zu früh, um schon zu pflanzen, und die Pflanzen müssen abgehärtet werden. Da stelle ich meine Kasten in einen trocknen Graben und lege ein herausgenommenes Doppelfenster darauf. Die Doppelfenster sind meine Erfindung, und mit ihnen tue ich Wunder.

Nachdem ich meine Herbstpflanzungen von

Obstbäumen, Beerenbüschen, Syringen und Jasmin wiedergesehen habe, gehe ich ans Werk mit der Frühsaat. Petersilie habe ich vom vorigen Jahr unter Fichtenbüschen stehen, aber ich muß für den Spätsommer und nächstes Jahr neue säen. Nun sind Petersilie und Dill sehr träge Gewächse, und darum begieße ich den Samen mit Wasser und einigen Tropfen Salzsäure, wodurch ich vierzehn Tage gewinne, während diese Faultiere sonst sechs Wochen in der Erde liegen können.

Wenn ich säen will, gehe ich zuerst zum Viehstall hinauf hinter eine Ecke, wo mich niemand sieht, und hole die große Wasserkanne voll Purin, wie es französisch heißt, und damit begieße ich mein Beet; dann säe ich. Radieschen, Petersilie und Spinat säe ich dicht, weil die vielen Blätter den zum Feuchthalten erforderlichen Schatten geben. Dann siebe ich Erde über den Samen. Die Radieschen plätte ich, weil die in loser Erde in krummen Winkeln wachsen und sich in Krümmungen legen. Den Spinat trete ich nieder.

Damit nun nicht die Vögel unter dem Himmel kommen und den Samen auffressen, und die Hunde und Hühner ihn nicht aufkratzen, lege ich abgestreifte Fichtenzweige darauf; jedoch gut abgestreift, denn mit den Nadeln kommt Unordnung und Schimmel.

Salat säe ich in Reihen und dünn; Dill lege ich am liebsten ins Kohlfeld, weil er dort am billigsten den Schatten und die Feuchtigkeit, die er liebt, bekommt. Einzeln gesät, schießt er ins Kraut und wird schwächlich.

Nun habe ich das Erdbeerfeld geschaufelt, das gelinde mit Laub bedeckt war, und in den Spargelbeeten gescharrt, die Rabatten umgegraben und jeglichen Blumensamen eingelegt, so daß ich zur Bereitung des Gurkenbeetes schreiten kann. Zu dem Ende grabe ich eine Grube in der Größe von vier Doppelfenstern, was nicht mehr als dreieinhalb Ellen lang und eineinhalb breit ist, da die Fenster der Bauernhütte sehr klein sind. Sodann nagele ich einen Rahmen von vier Brettern zusammen, und in die Grube lege ich Spreu, Heusamen, Laub, Fichtenreiser und Dungstreu, gieße einige Eimer heißes Wasser über alles und fülle trockene gesiebte Humuserde darauf.

Das ist das Beet, in das ich meine sechs Gurkenpflanzen setze, und es ist nicht so schlecht, denn auf dem kleinen Flecken von der Größe eines Eßtisches habe ich Gurken vom Monat Juli bis in den Herbst geerntet; und zwar in solcher Menge, daß es für mein Haus und für das der Ureinwohner und ihrer Freunde reichte, und daß noch zum Einsalzen einige übrigblieben; alles in allem einer halben Tonne entsprechend.

Den Krieg gegen den Nordwind führte ich sonst mit Bastmatten, die auf Stöcken aufgesteckt wurden, hinter den Artischocken zum Beispiel, die sich dadurch besonders wohl befanden. Und ich habe später auf dem Lido vor Venedig den Wein draußen auf dem flachen Lande durch Reisigdecken gegen den alles durchdringenden Boreas schützen sehen. Die Methode ist im übrigen sehr in China im Schwange, wo die ersten Gärtner der Welt wohnten, von denen die Japaner ihre Gartenkunst wie so vieles andere gelernt haben.

Der Kampf gegen die Quecke kann nur auf eine Weise geführt werden: mit anhaltender, niemals ermüdender Wachsamkeit und Arbeit, und doch ist der Sieg sehr ungewiß. Sie plänkelt unter der Erde, schickt einen Plänkler da hinauf, wo man ihn am wenigsten erwartet, und wenn man sie von Posten zu Posten gejagt hat, verschanzt sie sich in einem Erdbeerhügel oder mitten in der dichten Petersilie, und da kann man ihr nicht beikommen. Sie ist schlimmer als der Bandwurm: reißt man von dem Stück für Stück ab, so lebt er, bis der Kopf mitkommt, doch die Quecke hat keinen Kopf.

Das beste Mittel gegen die Quecke ist immer noch das, daß man sein Land selbst gräbt, wie man selbst der beste Knecht ist bei allem Gartenbau. Eines Frühlings nahm ich einen Knecht, um meine Erde zu graben. Es war ein flinker Mann, und er war in einem Tag mit allem fertig. Doch als ich säen wollte, merkte ich, daß der Mann nur die Rasenstücke umgedreht hatte. Darauf stellte ich ein Mädchen an, das es besser machen sollte. Doch sie brachte wieder einen Tag damit zu, die Schollen richtig zu wenden. Seitdem grabe ich stets selbst.

Doch ich habe auch einen Wintergarten, den ich, wie der Weise, überallhin mitnehmen kann, und in den habe ich auch einige Neuheiten eingeführt, die wohl nicht unnötig genannt werden können.

Ein jeder, der Topfgewächse beim Blumenhändler gekauft hat, hat gemerkt, wie schnell sie verblühen, wie sie dann abgetakelt dastehen und ihr elendes Leben bis zum nächsten Jahr hinschleppen. Die Ursache zu diesem betrübenden Umstand liegt darin, daß diese Pflanzen im Gewächshaus geboren und gezogen sind, mit vollem Oberlicht, reiner Luft, ohne Staub, ohne Tabaksrauch und Verbrennungsprodukte von Lampen und Lichtern. Es wird ihnen also schwer, sich dem Wohnungsraum anzupassen; und um solche fürs Zimmer geeignete Topfgewächse zu erhalten, ziehe ich sie aus Samen im Zimmer. Dabei habe ich das große Vergnügen, zu sehen, wie es wächst und zunimmt, was angenehmer ist, als eine gekaufte Blume rückwärts zu Schwindsucht und Tod gehen zu sehen!

Anfang August lege ich Samen von Levkojen, Reseda, Balsaminen und Stiefmütterchen in kleine Töpfe, die ich ans südliche Fenster stelle. In vierzehn Tagen hat der Samen in einer Mischung von Maulwurfshaufen, Lauberde, Streusand und gestoßener Holzkohle gekeimt. Doch die Pflanzen schießen heftig auf und neigen sich gegen das Fenster. Da schule ich sie, binde sie an Stöcke und wende sie unaufhörlich, so daß sie gerade werden. Nach einer Zeit von sechs Wochen seit der Schulung habe ich einen halben Fuß hohe kräftige Pflanzen, die nicht weiter der Stütze bedürfen und dem Winterzimmer angepaßt sind. Ich behalte dann die kleinen Töpfe der Erdwärme wegen und begieße mit Blumendünger. Auf diese Weise habe ich die Blumen bis Neujahr, und habe noch das Vergnügen gehabt, zu sehen, wie das Wachstum während des traurigen Herbstes andauerte, wo sonst alles zu Ruhe und Tode eingeht.

KAREL ČAPEK

Der Gärtner

Solange ich als zerstreuter Zuschauer nur außerhalb der Gartenanlagen stand, hielt ich die Gärtner für Menschen von vornehmlich dichterischem Geist, die den Blumenduft züchten und dem Vogelgesang lauschen. Jetzt aber, wo ich mir die Sache aus der Nähe betrachte, sehe ich, daß ein echter Gärtner nicht ein Wesen ist, das Blumen züchtet; er ist ein Mann, der den Boden pflegt. Er ist eine Kreatur, die in der Erde herumwühlt und all das, was über dieser Erde liegt, uns nichtsnutzigen Gaffern überläßt. Er lebt wie in die Erde versunken. Er baut sein Denkmal in einem Düngerhaufen. Und käme er in den Garten des Paradieses, würde er berauscht den Atem einziehen und flüstern: «Herrgott, ist das ein Humus!» Ich glaube, er dächte nicht daran, vom Baume der Erkenntnis zu naschen; er würde eher zusehen, wie er unserm Herrgott einen Schubkarren voll paradiesischer Erde entführen könnte.

Wäre der Gärtner-Mensch vom Anbeginn alles Seins an durch natürliche Beschaffenheit entstanden, hätte er sich zur wirbellosen Kreatur entwikkelt. Wozu braucht der Gärtner eigentlich ein Rückgrat? Anscheinend nur dazu, um sich alle Augenblicke aufzurichten und zu seufzen: «Ach, tut mir der Rücken weh!» Was die Beine anbelangt, so lassen sie sich auf alle mögliche Weise zusammenlegen; man kann hocken, knien oder sie irgendwie unter sich zusammenzwängen oder aber über die Schulter werfen; die Finger sind zum Graben von Pflanzenlöchern zu benützen, die Fäuste zum Zerbröckeln der Erdklumpen oder zum Lockern des Bodens, während der Kopf zum

Einhängen der Pfeife dient: nur das Rückgrat gibt nicht nach, so sehr sich der Gärtner auch bemüht, es gebührend zu beugen. Ein Regenwurm im Garten hat doch auch kein Rückgrat. Für gewöhnlich wird der Gärtner oben vom Hinterteil begrenzt; Arme und Beine hält er gespreizt, den Kopf nach unten, ähnlich einer weidenden Mähre. Er ist nicht der Mann, der sich wünschte, «nur um einen Zoll höher zu wachsen», im Gegenteil, er kürzt seine Gestalt, hockt sich nieder und macht sich auf alle mögliche Weise klein; so, wie ihr ihn zu Gesicht bekommt, ist er selten mehr als einen Meter hoch.

Die Pflege des Erdbodens hängt einerseits von der Verschiedenartigkeit des Umgrabens, Umhakkens, Umwendens, Eingrabens, Auflockerns, Einebnens, Glattmachens und Kräuselns, anderseits von mancherlei Zusätzen ab. Kein Pudding wird umständlicher zubereitet als die Gartenerde. Soweit ich es verfolgen konnte, mengt man Dünger, Mist, Guano, Laub-, Rasen- und Ackererde, Sand, Stroh, Kainit, Thomas- und Kindermehl, Salpeter, Hornspäne, Phosphate, Abfälle, Kuhfladen, Asche, Torf, Kompost, Wasser, Bier, den Inhalt ausgeklopfter Tabakspfeifen, abgebrannte Streichhölzer, tote Katzen und noch viele andere wesentliche Bestandteile darunter. Das alles wird ständig gemischt, eingegraben und immer wieder gewendet. Wie gesagt, der Gärtner ist nicht ein Mensch, der an einer Rose riecht, sondern ein Wesen, das von der Vorstellung lebt, der Boden brauche noch Kalk, oder, da der Boden schwer wie Blei sei, er benötige mehr Sand.

Wie gesagt, hätte der Gärtnermensch sich auf natürliche Weise entwickelt, so sähe er anders aus; er hätte vor allem Beine wie ein Käfer, um nicht hocken zu müssen; dann hätte er Flügel, einerseits, um schön zu sein, anderseits, um über seinen Rabatten schweben zu können. Wer das noch nicht ausprobiert hat, ahnt nicht, wie einem die Beine lästig werden, wenn man nicht weiß, wohin damit; wie überflüssig lang solche Beine sind, wenn man sie unter sich zusammenlegen möchte, um mit den Fingern in der Erde herumzuwühlen, wie kurz jedoch, wenn man das andere Ende des Beetes erreichen will, ohne dabei auf das Kissen des Pyrethrums oder auf eine aufschießende Akelei zu treten. Man müßte angeschnallt über dem Erdboden schweben oder zumindest vier Hände haben, darauf einen Kopf mit einer Mütze und sonst gar nichts, oder aber ausziehbare Gliedmaßen, ähnlich dem fotografischen Stativ. Da aber der Gärtner äußerlich genauso unvollkommen ist wie ihr, bleibt ihm nichts anderes übrig, als zu zeigen, was er kann: auf einer Fußspitze balancieren, wie eine Balletteuse schweben, die Beine voneinander spreizen, leicht wie ein Falter oder eine Bachstelze über den Erdboden wippen, auf dem kleinsten Fleck, dem Gesetz der Schwerkraft zum

Trotz, das Gleichgewicht halten, alles erreichen, allem ausweichen, außerdem noch bemüht sein, eine gewisse Würde zu wahren, damit sich seine Nachbarn nicht über ihn lustig machen.

Bei nicht sehr gründlichem Hinsehen erblickt ihr vom Gärtner nichts außer seinem Hinterteil, alles andere, wie zum Beispiel Kopf, Arme und Beine, befindet sich einfach unter ihm.

ALFRED LICHTWARK

Die Blütenmauer in Goslar

Habe ich Ihnen schon erzählt, daß ich letzten Herbst einen Umweg gemacht habe, um die alte Mauer in Goslar wiederzusehen? Ich kenne sie nun seit einigen zwanzig Jahren, glaube ich. Sie liegt am Eingang zum Außenwerk der Stadt, dem malerischen Frankenberger Plan. Die Straße von Goslar nach Clausthal führt vorüber. Auf der andern Seite des Fahrdammes liegt die kleine torartige Kapelle, in der früher die Bergleute aus Goslar die Messe hörten, ehe sie am frühen Morgen in den Schacht fuhren. Die Leute, denen diese Mauer gehört, haben keinen Garten, sie schließt nur einen Hof ab. Dies mag die reizvolle Entwicklung erklären, die ihr Blumenschmuck erfahren hat. Als ich ihre Bekanntschaft machte, wuchsen auf dem Mauerkamm allerlei Gräser haufenweise mit ihren dicken Blattrosetten an- und übereinandergedrängt wie zarte grüne Kissen, aus denen sich die zärtlichen Profile der Blütenstände erhoben, einzelne Gruppen von Hauslauch. Das mochte sich dort alles von selber angesiedelt haben.

Daß es sich dort sehr gut machte, mußten auch die Bewohner des kleinen Hauses gefunden haben, dessen Hof die Mauer abschließt. Denn in den nächsten Jahren erschienen dort oben allerlei andere Pflanzen, die mit wenig Erde vorlieb zu nehmen pflegen, namentlich der Goldlack mit seinen üppigen gelben Blüten.

Von Jahr zu Jahr wurde es mir deutlicher, daß die Leute in der Bestellung dieses Mauerkamms einen Ersatz für den fehlenden Garten suchten. Es kam bald soweit, daß ich bei der Fahrt durch Goslar hinauf nach Bockswiese, wo meine Mutter und später Frau Zacharias einige Sommermonate verbrachten, auf die weitere Entwicklung dieses Motivs gespannt war.

Von Jahr zu Jahr wurde es schöner und reicher. Nicht lange, so trug die Mauer einen mit Erde gefüllten Steinkasten über der ganzen Ausdehnung, und nun erst legten die Pflanzen nach Herzenslust los. An die mit ragenden Blütenständen schlossen sich solche mit hängenden, die wie ein Vorhang an der Mauer herabsanken.

Das Schönste sah ich in diesem Jahre. Weiße und purpurne Petunien im üppigen grünen Laub hingen wie ein Königsmantel herab an der schönen grauen Mauer.

Diesmal ging ich hinein und sprach den Leuten meine Freude über den Anblick aus. Sie strahlten vor Stolz und Glück und erzählten mir, wie schwierig es in dem heißen Sommer gewesen wäre, genügend Wasser zu beschaffen.

Ich dachte immer an den Mauerabschluß Ihrer oberen Terrasse. Etwas Köstlicheres als diese Mauerbekrönung kann ich mir gar nicht vorstellen. Wenn Sie, lieber Professor, sich entschließen, diese Mauer – die nach meinem Gefühl notwendig ist – zu errichten, würde ich es gleich im ersten Jahre mit weißen und purpurvioletten Petunien versuchen. Es ist gar nicht zu sagen, wie herrlich das ist.

Und jedes Jahr können Sie ein anderes koloristisches Prunkstück dort herabfallen lassen über die graue Mauer, einmal in Purpur und Weiß, einmal in Gelb und Weiß, einmal mit einem herrschenden Rot. Dies Herabfallen hat sehr viel vor dem Beranken von unten voraus. Es erhält den richtigen grauen Ton der Mauer als Masse gegen das Grün mit dem Gelb oder Purpur, das von oben niedersinkt, und es gibt feinere und lustigere

Massenverteilungen. Außerdem hat man beim Beranken immer seine Not mit dem oberen Abschluß. Luther hat bei seiner Bibelübersetzung dem Volk aufs Maul gesehen. Wir sollten auch auf andern Gebieten seine Lehre nicht vergessen. Für mein Empfinden ist diese Gartenmauer der armen gartenlosen Leute eine der großen Sehenswürdigkeiten Goslars.

COLETTE

Die Rose

Nein, sie ist nicht die erste im Frühling. Vor ihr lockt unser frisches Klima Veilchen, Himmelsschlüssel und Narzissen hervor, die Potentilla mit ihren erdbeerblättrigen Blüten, das Leberblümchen und die gelbe Iris am Ufer des Wassers ... Sind wir denn Besessene, oder glaubten wir in den Tropen, in der betörenden Provence zu sein, daß wir wähnen, sie erschließe sich bei uns schon im Januar, die Rose?

Aber ich sehe uns alle so berauscht von ihr, daß ich ihren Namen an den Anfang stelle, um so mehr, als sie im letzten Krieg geradezu mit Gold aufgewogen wurde, ebenso wie Gänseleber und Ananas.

«Was kostet diese Rose?» fragte schüchtern eine Dame, die den Kopf durch die Ladentüre des Blumenhändlers steckte. Doch ehe ihr Antwort ward, hielt sie sich die Ohren zu: «Nein! Sagen Sie nichts!» Und rasch stürzte sie davon. Denn der Laden leuchtete von jenen Rosen, die Lippen, die eine Wange, einen Busen, einen Nabel und eine von unsagbarem eisigen Schimmer überhauchte Haut haben; von jenen Rosen, die im Flugzeug reisen, die sich auf der Spitze eines hochmütigen Stengels wiegen, denen der Wohlgeruch des Pfirsichs, des Tees oder gar der Duft der Rose selbst eigen ist ... Unzulängliche Rosen!

Rose, wo finden deine einstigen Freunde ihr Genügen? Wie alle alternden und entthronten Liebhaber geben sie sich zufrieden, dich zu besingen. Sie betrachten dich durchs Schaufenster. Sie seufzen und verstehen es, dich lüstern zu zerpflükken, über deine Form zu sprechen, über dein strenges Eingerolltsein, bedingt durch deine Überheblichkeit.

Ich glaube, daß sie wie ich der gesegneten Zeit deiner Unvollkommenheit nachtrauern. Wir kauften dich einst, wie Gott dich geschaffen, hier ein wenig zernagt, dort etwas versengt ... An uns also war es, dich zu schützen, es sei denn, wir fänden dich köstlicher, etwas zernagt und versengt, mit einem Rosenkäfer verborgen in der Muschel deines Ohres. Du hattest zu viele Blätter und Knospen wie Radieschen; eine kleine Schnecke kroch an deinem Stengel hoch, und Dornen hattest du wie eine spröde Jungfrau. Heute entlaust und enthaart dich der Gärtner mit der Pinzette. Er erlöst dich von den Blattlauskäfern und Ameisen, befreit dich von zwei oder drei Reihen deiner äußeren Blumenblätter.

Schöne ohne Makel, ich liebe dich vor allem in Bagatelle oder in L'Hay. Dort werde ich dich aufsuchen an einem dieser frischen, warmen Junitage, wenn der Wind dich in Wirbeln entblättert und wir vermeinen, du könntest dich noch verschwenden. Umsonst werde ich dort deine Namen lesen, die ich, Gott sei Dank, sofort wieder vergesse. Was gehen mich deine Titel an, diese Namen alter Generäle, Großindustrieller und anderer, wie Madame Robinet? Präsident Herriot mag noch angehen, denn ihm war die Lächerlichkeit, aber auch die Befugnis des guten Gärtners eigen. Doch meine Verehrung gibt dir schönere Namen, dir, die ich insgeheim purpurne Sünde, kleine Aprikose, Schnee, Fee, schwarze Schönheit nenne, dir, die glorreich die Huldigung eines heidnischen Namens, *«cuisse-de-nymphe-émue»*, erträgt!

Unter meinem Fenster, zwischen Wasserlachen, badenden Tauben, Rasen à la Bressant, kugelförmig geschnittenem Eibisch und indischem Blumenrohr, gibt es alte, üppig blühende Rosensträucher. Weder Frost noch Kriege vermochten sie umzubringen. Nie versäumten sie zu blühen, neu zu erblühen und vor dem November nochmals zu erblühen! Sie entwaffnen sogar die Kinder des ersten Arrondissements, die doch bekannt sind für ihre Grausamkeiten. Einer der Büsche trägt durch Pfropfen halb gelbe, halb rote Rosen. Doppelt, und immer reicher verschlungen, überwältigt ein Strauch schwefelgelber Rosen seine Stütze mit einer Fülle ... einer Fülle ... Wie soll ich es euch nur sagen ... Diese Rosen des Palais Royal, diese alten, verschwenderischen Rosensträucher, mit welchen Worten soll ich wohl dem Parc des Eaux-Vives in Genf, den ich in seiner Herrlichkeit geschaut, eine Botschaft, eine Schilderung ihrer Pracht übermitteln, die den schweizerischen Rosengarten eifersüchtig machen könnte? Rosen auf hohen Stengeln, die Knospe geschlossen wie ein Ei und wieder unvermutet erschlossen ... Rosen im Herzen von Paris, geweckt vom vielfarbigen Springbrunnen, ich sinne darüber nach, wem ich euch vergleichen, in welchem Eden ich Blumen pflücken könnte, die euch gleichkämen ... Ihr seid beinahe ebenso schön wie jene wilden Rosen, die das Gärtchen eines Bahnwärters schmücken, ein kleines Gärtnerhaus überwuchern, wie jene, die die Mauer der ländlichen Herberge mit ihrem Gitterwerk überziehen, hier, dort, allüberall, wo sie zu unserem Erstaunen beweisen, was die Begegnung des Juni, des Zufalls, des schönen Wetters, die Einsamkeit eines jungen Mädchens, die Hand eines alten Träumers und seine wohltätige Baumschere zu vollbringen vermögen ...

PETER PAUL ALTHAUS

«Laßt Blumen sprechen ...»

Ich bin eine Geranie
in einem Seerestorang
auf der Terrasse.
Ich bin gespannt, wie lang
ich das aushalte, und was aus mir wird.
Morgens nimmt mir eine Kastanie
und nachmittags das Fräulein an der Kasse
die Sonne weg.
Abends werde ich elektrisch beleuchtet
und von den Kellnern mit Resten von
Selterswasser befeuchtet.

Und die Musik spielt und Segelschiffe
ziehn vorbei ...
Die Geranien aus den Villen vom anderen
Ufer des Sees

Lassen mich zur Stunde des Five o'clock-Tees
manchmal grüßen
durch einen Mövenschrei...
Ich bin keine richtige Blume mehr,
aber auch noch lange keine Sache.
Ich bin gespannt, wie lange ich das hier
noch mache.

JOHANNES GUTHMANN

Verwandlungskünste

Haus und Hof Neu-Cladow waren wiedererstanden. Noch aber galt es, den alten Park zu neuer Geltung zu bringen. Wenn man im Zuge der weißen Mauer ein Drinnen und Draußen der Wildnis unterschied, so nur nach den edleren Gehölzen und Gartensträuchern der einstigen Anlagen gegenüber dem sich selber überlassenen Kiefernwald dieser Landschaft. Ein Park von neunzig Morgen, aber im Augenblick nur ein kartographischer Begriff, keine ästhetische Anschauung mehr. Wohl gab es herrliche Bäume, einzeln und in Gruppen, doch alles überwuchert vom Nachwuchs der Sämlinge, die sich in hundert Jahren rücksichtslos durchgesetzt hatten: Ahorne von architektonisch vollem Kronenbau, Linden-Solitäre mit breit ausladenden Schleppzweigen, an feuchteren Wiesenstellen vielhundertjährige kerngesunde Eichen, in der Nähe des Hauses auch etliche Platanen, schön wie die im nachbarlichen Potsdam, ja so schön fast wie die ehrwürdige mitten auf dem Damm der Viktoriastraße zu Berlin, die es verdiente, gleich den Lieblingsbäumen des alten Perserkönigs mit Goldschmuck behängt zu werden. Und da und dort die schönstämmigen, schönblühenden Akazien, die aus weiten Fernen an der Havel heimisch geworden sind, zwischen dem derben märkischen Kieferngezücht, den häßlichsten Waldbäumen, wo sie in Schonungen beisammenstehen, dagegen unvergleichlich pittoresk am sandigen Uferhange, wenn sie einzeln sich in Licht und Luft frei entwickeln oder gar dem schmeichelnden Laub junger Birken schwärmerisch gesellt sind. Dem Hause nahe gerückt standen da noch zwei alte, schief gedrückte Walnußbäume, nicht nur der reichen Früchte halber hier geduldet, sondern ihres herben Aromas wegen als leider nur illusorischer Schutz gegen das Übermaß der Mücken von Neu-Cladow gebenedeit. Von draußen aber, vom schönen Hauptportal her mit dem kreisförmigen Vorplatz und den auf seinen Ringsegmenten errichteten Garagen- und Pförtnerhäuschen, das gleichsam sichtbar gewordene monumentale Anpochen der letzten Pyramidenpappeln aus den Zeiten Napoleons.

Und dennoch trat in wenigen Stunden, wie mit einem Zauberschlage, aus der alten Waldwuchswirrnis das Bild, das einst dem Schöpfer dieses Gartens vorgeschwebt haben mag, in seiner reifen Vollendung neu zutage, als Schultze-Naumburg an einem nebligen Oktobermorgen 1909 mit seinem Arbeitertrupp in jene festgefügten Baummassen energisch seine Breschen und Lichtungen brach. Als die ersten Stämme krachend niederstürzten und die Strahlen eines neuen Tages in die geheimnisvolle Dämmerung schossen, war es mir, als müsse nun der Segen, der über Neu-Cladow geruht hatte, sich für immerdar verflüchtigen. Aber sehr schnell erwies sich, daß die Entschlossenheit des Landschaftsarchitekten sorgfältig vorbedacht war und daß er jede Gruppe, jeden Einzelgänger der alten Parkgestalt, die da aus ihrer Haft zu lösen waren, kannte. Ein Park, der kein Park, ein Wald, der kein Wald gewesen, ließ mit einem Male die Umrisse einer verlorengegangenen Welt wiedererkennen, ja, das Zerstörungswerk der Äxte und Sägen konnte uns nun gar nicht schnell genug vor sich gehen, um freie Flächen, weit gestreckte Perspektiven geöffnet zu sehen. In der Wüstenei und im Lärm dieser Stunden setzte sich das ehrwürdig Alte mit ungeminderter Jugendkraft durch. Jahre galt es noch an den lange gefesselten, verquetschten Bäumen auszuästen und zu putzen, bis sie sich vollends aus sich selbst heraus lösten und formierten, aber die Hauptarbeit war an diesem einzigen Tage getan. Die Krone der Überraschungen war der freigelegte Elsenbruch, ein vielleicht schon seit Urzeiten versiegter Havelarm, der sich in sanftem Halbkreis gemächlich um das malerisch erhöhte Niveau von Haus- und Hofgelände schlang. Ein Wässerchen auf seinem Grunde, das nicht wußte, ob es zur einen oder zur anderen Seite abfließen sollte, hatte unzählige Erlen, Schwarzpappeln und Weiden getränkt, so daß der üppige Baumwuchs das ganze Tälchen füllte. Das alles sank zusammen, und ein völlig in sich geformtes Parkmotiv lag vor uns.

Hatte der Park sich gewissermaßen im Nu verjüngt, so beschäftigte mich nun vorerst die Gestaltung des Gartens, also die unmittelbare Umgebung der Häuser. Ich träumte von reicherem Blumenflor, als er dazumal für üblich galt, von schwelgerischen Blütenfolgen, von den jüngst aus dem gartenpassionierten England eingeführten, in Deutschland dann so bereitwillig aufgenommenen Staudenrabatten, das heißt, ich wünschte mir eine Anlage des temperamentvollsten ihrer Troubadoure: Karl Försters. Noch hauste der einfallsreiche Schwärmer, Botanikus und Künstler abseits der großen Welt, in einem Winkel Westends. Meiner Bitte um einen Vor- und Kostenanschlag wurde sofort entsprochen. Alles wunderschön – aber die Endsumme! Doch wohl ein Verkennen der Lage. Mein Vater pflegte in solchen Fällen zu sagen: «Die Kirche muß im Dorfe bleiben.» Als sein rechter Sohn legte ich das Angebot ad acta. Und das war wohlgetan – für unsere ferneren freundschaftlichen Beziehungen. Sabine Lepsius, Försters rührige Nachbarin, der ich meine Enttäuschung nicht verhehlte, machte ihren jungen Freund auf den Unterschied zwischen Enthusiasmus und Kapitalismus aufmerksam, und der gelehrige Humorist hat mich hernach viele Jahre mit wertvollstem Rat und Pflanzenmaterial versehen für winzige Bruchteile seiner einstigen Forderungen. Als er später den herrlichen, viele hundert Quadratmeter weiten Wildrosenhag vom Hauptportal schräg den breiten Hang hinab zum Elsengrunde schuf, gab er, ohne an Geld und Geldeswert zu denken, persönlich tagelang unverdrossen jeder einzelnen Pflanze ihren Platz in dieser verhofften Farbenwirrnis, einem nordischen Geschwister der freilich üppigeren Blütenkaskaden der Villa Carlotta am Comer See.

Zum eigensten Revier meiner wachsenden Blumenleidenschaft hatte ich mir den ehemaligen Gutshof ersehen, den ich in einen Bauerngarten umwandelte. Im Norden von dem Verwalterhause, auf der Westseite von der langen, auf den Fundamenten der einstigen Wirtschaftsbauten errichteten, von Zierkürbis und Winden umrankten Schutzmauer mit dem schlichten Gartenhaus am

Ende und gegen Osten durch die Baumriesen gedeckt, lag die weite Fläche nach Süden in voller Breite der Sonne offen, dem gloriosen Blick zur Havel aufgetan.

In die Mitte des riesigen Blumenparterres ließ ich ein Wasserbecken einsenken. Eine Linde mit weißer Gartenbank war wie gerufen bereits an ihrem Platz. Das Ganze, durch ein Wegekreuz gegliedert, teilte ich, den Achsen folgend, in parallele Beete für Sommerblumen, die richtigen alten Bauernblumen, nach Farben, wohl auch nach ihrem Habitus gereiht. Dieses ganze Rechteck, durch das alles übertrumpfende Scharlachrot der Salvia wie durch einen Rahmen eingefaßt, kann wohl als der erste Versuch gelten, der verklärten Himmelslust des Regenbogens ein irdisches Widerspiel zu bieten. Der auf Rot und Weiß, auf Violett und goldenes Gelb gestimmten Harmonie gab das triumphierende Blau und Grün der gravitätisch ihre Blumenpfade wandelnden Pfauen den kostbarsten Kontrast. Den Juwelenglanz dieses Bildes noch zu vervollkommnen, schenkte mir Emil Lettré, der häufige Gast des Hauses, dem er sich mit seinen silbergeschmiedeten Tischgeräten gern einfügte, noch ein paar Goldfasanen dazu. Aber das Wiesel, nach ihrem Blute lüstern, überfiel sie in ihrer gar zu friedlichen Volière, und ich fand sie eines tristen Dezembermorgens ausgereckt am Boden, den einen neben dem andern, fahl, kaum noch als Larven ihrer einstigen Schöngestalt zu erkennen. Da ging es den Goldfischen, die mir Jochen in das steingefaßte Wässerchen gesetzt hatte, besser. Plötzlich hereinbrechender und anhaltend strenger Frost hatte das Wasser bis auf den Grund gefrieren lassen. Und mit ihm meine munteren Fische. Den ganzen Winter hindurch empfand ich den Anblick solcher Todesstarre als Vorwurf. Aber welches Staunen, als mit dem ersten Amselsang und Finkenschlag die kleinen goldenen Gäste, aus dem Winterschlaf erwacht, allesamt lebendig sich um das rasch gestreute Futter balgten. – Mein Bemühen, die große Fläche in augenfällige Linien und Farben aufzuteilen, fand nicht den Beifall jedes Gartenfreundes. Ein passionierter Pflanzenkundiger erklärte mein Vorgehen schlechtweg für ein Anstreichen der Natur. Ich dachte mir aber, daß der liebe Gott beim Anblick seiner ehemaligen märkischen Sandwüste, die nun in allen Farben des verlorenen Gartens Eden lachte, mir ein heimliches «Bravo» nicht versagen werde.

O. SKALBERG

Die Sklaverei des Jätens

Jeder Garten ist – wenigstens was das Unkraut angeht – ein Faß ohne Boden. Es gibt besessene Jätefanatiker, aber nicht aus Liebe zum Bücken, sondern aus Empörung gegen das Unkraut, dem gezeigt werden muß, wo Barthel den Most holt. Obwohl ich diese Empörung teile, gehört Jäten zu meinen Alpträumen. Jedem anderen Alptraum kann man ausweichen, indem man sich enthält, auf Wasseradern zu schlafen oder um Mitternacht Gänsekeulen zu essen; aber der Alp des Jätens muß lebendig durchgestanden werden. Es gibt – zum Unglück ihrer Nachbarn – natürlich Menschen, die für ihren Garten und für ihre Person die Frage, wie dem Unkraut beizukommen sei, abgeklärt beantworten: « Sehr einfach – ich mache das Unkraut zu meinem besten Freund! Sehen Sie nur, wie hübsch in meinem Garten alles blüht!» Aber Gärtner sind für diese Form der Versöhnungs- und Annäherungstaktik nicht einmal in den Ischiasepochen ihres Lebensabends zu gewinnen; jedes Jahr treten sie mit erbostem Falkenblick auf das zudringliche Gewucher des Kreuzkrauts und der Miere zwischen Phlox, Gladiolen, Rosettensteinbrech und Nelkenbüscheln ihren Sisyphusgang durch die Beete an. Denn ein gejätetes Gartenstück ist so anfällig wie ein frischgewaschenes Hemd; unter dem ausgerissenen Unkraut wartet bereits eine neue Drachensaat unverwüstlicher Abenteurer, die den Boden leerfressen und zur Neige aussaufen wollen wie liederliche Landsknechte. Sie zwingen dich zur unaufhörlichen Fron: mit sklavisch vornübergebeugtem Kreuz hockt man ihretwillen als Gartenzwerg im Feuchten, mit erdverkrusteten Fingern, krachenden Halswirbeln, jaulenden Bandscheiben und der ewigen Ungewißheit: was war jetzt das wieder für ein Büschel, das ich da erwischt habe – es waren weder Melden, noch gottverlassene Hahnenfußteufel, noch jemand aus der Raubfamilie Winde – herrjeh, das war ein Büschel meiner wunderschönen Skabiosen!

Zwei entsetzliche Jäte-Höllenstürze haben mich als Arbeitgeber für botanische Kretins ein für allemal verbittert. Mein Glaube, daß der Alptraum des Jätens für Stundengeld auf andere abzuschieben sei, ist längst gebrochen: Jätelehrlinge sind schwerer auszubilden als junge Hochfrequenzler oder Schornsteinfeger. Ich erinnere die Gäste meines Gartens an den scheußlichen Kahlschlag, den die alte Kunigund (aufgewachsen auf dem Land, großgeworden zwischen Runkelrüben, ausgestopft mit Kuhmisterde statt mit Fleisch und Blut) in meinen Salpiglossis- und Campanulaplantagen hinterließ, indem sie sorgsam alle Taubnesselchen, Quecken, Hirtentäschel, Salpiglossis und Campanulapflanzen ausrupfte und sieben gepflegte Reihen von lachendem Ackergauchheil zurückließ. In der Küche hatte ich ihr die Unkräuter und die sensiblen Pflänzchen nebeneinandergelegt, zum Einprägen getrennt durch bildhafte Unterlagen: alles Unkraut lag auf dem halbnackten Titelbild einer Illustrierten, die zukunftsfrohen Pflänzchen auf einem Buntdruck des heiligen Judas Thaddäus – kaum trat die alte Kunigund hinaus vor die Beete, fuhr der Satan in sie und der Ackergauchheil schwang sein Banner.

Der zweite Sündenfall einer bodennahen Jätefrau, den ich weder vergessen noch verziehen habe – noch jemals überwinden werde –, war satanischer. Das entzückende Töchterchen des Schloßgärtners (aufgewachsen zwischen Orangeriesträuchern, übersprudelnd von botanischem Latein, keineswegs ausgestopft mit Kuhmist, sondern eine Wissende mit einer Pflanzenseele) war bereit, mir vier Beete mit komplizierten Kulturpflänzchen durchzujäten. Ihre Finger waren nicht plump und zeitraffend wie die meinen, sie rupfte nicht wie die knochige Hexe Kunigund, sondern zupfte und tupfte das Unkraut schwälbchenflink aus der Gartenkrume. Ihre kleine Hand spielte zwischen den Saatreihen wie auf Floras grünen Pianotasten, und sie spielten den uralten Jätetanz, der dem Erntetanz unentwegt vorangeht und dessen Rhythmus mir die Augen darüber öffnete, daß Jäten kein Geschäft für Männer sei. Vier Stunden hatte ich heute früh kreuzlahm in glühender Sonne meine Knie wundgedrückt und meine Fingernägel zersplittert, um die beiden Beete mit den Asternpflänzchen freizujäten – nur die rachgierigen Krauseminztriebe, die zu den Lastern meines Gartens gehören, hatte ich vorerst dazwischen stehen lassen, weil jeder ausgerissene Krauseminzstrang ein Dutzend Astern in Ohnmacht fallen ließ. Nach zwei Stunden trat die entzückende Schloßgärtnerin an meinen Liegestuhl und sprudelte beiläufig: «In den Beeten mit den jungen Pfefferminzen haben Sie eine Menge Breitwegerich und so Zeug stehen lassen – das habe ich noch miterledigt!» So hübsch sie war, ich wähnte in diesem Moment in ihrer Iris Medeas Blick zu erkennen. Wortlos drehte ich mich um und stellte mich schlafend, um das in mir austoben zu lassen, was hier zu sagen war. Ich knirschte nur schaudernd durch die Zähne: «Der Breitwegerich und das Zeug waren meine jungen Astern, Callistephus chinensis, herrlich leuchtend rot...» – «Ach was, Dreifaltigkeitsblümchen aus der Familie Viola tricolor... !» trumpfte sie auf, dann senkte sich der Alptraum gemeuchelter Leuchtfeuer-Astern brennend auf meinen qualvollen Jäteschlaf.

HUGO VON HOFMANNSTHAL

Gartenschönheit im Kleinsten

Es ist ganz gleich, ob ein Garten klein oder groß ist. Was die Möglichkeiten seiner Schönheit betrifft, so ist seine Ausdehnung so gleichgültig, wie es gleichgültig ist, ob ein Bild groß oder klein, ob ein Gedicht zehn oder hundert Zeilen lang ist. Die Möglichkeiten der Schönheit, die sich in einem Raum von fünfzehn Schritt im Geviert, umgeben von vier Mauern, entfalten können, sind einfach unmeßbar. Es können im Hof eines Bauernhauses eine alte Linde und ein gekrümmter Nußbaum beisammenstehen und zwischen ihnen im Rasen durch eine Rinne aus glänzenden Steinen das Wasser aus dem Brunnentrog ablaufen, und es kann ein Anblick sein, der durchs Auge hindurch die Seele so ausfüllt wie kein Claude Lorrain. Ein einziger alter Ahorn adelt einen ganzen Garten, eine einzige majestätische Buche, eine einzige riesige Kastanie, die die halbe Nacht in ihrer Krone trägt. Aber es müssen nicht große Bäume sein, sowenig als auf einem Bild ein dunkelglühendes Rot oder ein prangendes Gelb auch nur an einer Stelle vorkommen muß. Hier wie dort hängt die Schönheit nicht an irgendeiner Materie, sondern an den nicht auszuschöpfenden Kombinationen der Materie.

Die Japaner machen eine Welt von Schönheit mit der Art, wie sie ein paar ungleiche Steine in einen samtgrünen, dicken Rasen legen, mit den Kurven, wie sie einen kleinen kristallhellen Wasserlauf sich biegen lassen, mit der Kraft des Rhythmus, wie sie ein paar Sträucher, wie sie einen Strauch und einen zwerghaften Baum gegeneinanderstellen, und das alles in einem offenen Garten von soviel Bodenfläche wie eines unserer Zimmer. Aber von dieser Feinfühligkeit sind wir noch weltenweit, unsere Augen, unsere Hände – auch unsere Seele, denn was wahrhaft in der Seele ist, das ist auch in den Händen; immerhin kommen wir allmählich wieder dorthin zurück, wo unsere Großväter waren, oder mindestens unsere naiveren Urgroßväter: die Harmonie der Dinge zu fühlen, aus denen ein Garten zusammengesetzt ist: daß sie untereinander harmonisch sind, daß sie einander etwas zu sagen haben, daß in ihrem Miteinanderleben eine Seele ist, so wie die Worte des Gedichtes und die Farben des Bildes einander anglühen, eines das andere schwingen und leben machen.

BEVERLEY NICHOLS

Da Capos

Von all den «Da Capos», die sich von Jahr zu Jahr steigern, kann keines den Vergleich mit den Freudenfeuern aushalten. Wenn es zutrifft, daß jeder von uns die Keime zu sämtlichen Lastern im Verzeichnis der menschlichen Sünden in sich trägt – und das ist sehr wahrscheinlich –, dann habe ich von der Neigung zur Brandstiftung mehr als meinen üblichen Anteil mitbekommen. Noch nie habe ich mich bei einem Freudenfeuer gelangweilt und war noch nie um einen Entschuldigungsgrund verlegen, wenn es galt, eines abzubrennen.

Anlässe waren dazu in den ersten paar Jahren in meinem Garten genügend vorhanden. Es dauerte eine beträchtliche Zeit, ehe wir die haufenweise aufgeschichteten Ulmenzweige und den sonstigen Abfall verbrannt hatten. Aber selbst nachdem die Ulmen verschwunden waren, gab es noch genügend Holz zu fällen; mindestens ein Drittel der alten Pflaumen- und Äpfelbäume im Obstgarten waren derart eingewurzelt und in Verfall geraten, daß ich mich zu ihrer Beseitigung entschloß, und so wurden sie gerodet und hinüber zu den Ulmen geschleift, um später zu Brennholz zersägt zu werden. Und damit entstanden wieder Abfälle, und wieder war ein Freudenfeuer fällig und roch so herrlich, daß man mit Vergnügen in dem Qualm erstickte.

Den köstlichsten Brandgeruch gab es, als wir den Lorbeer ansteckten. Auf dem Grundstück standen Dutzende von gesprenkelten Lorbeerbüschen, die ich ohne die geringsten Gewissensbisse abholzte, da sie für mich zu den häßlichsten Gewächsen gehören, die man sich denken kann; sie erinnern an Vorortzäune und städtische Anlagen; sie beschwören sämtliche Greuel der «Englischen Riviera» herauf. Etwas anderes jedoch ist es, wenn man ihre Zweige verbrennt; der Rauch duftet bittersüß wie Honig mit einem Beigeschmack und hat die merkwürdige Eigenschaft, über weite Strecken zu ziehen – so daß mir der Geruch meiner eigenen Lorbeerfeuer manchmal schon in die Nase stieg, wenn ich noch eine halbe Meile vom Hause entfernt war. Außerdem ist Lorbeerasche ganz besonders schön, weiß wie Schnee mit einer leichten grünen Färbung, als schwebte noch etwas von den Säften in der Luft.

Weiß man, daß Holzasche leuchtet? Weiß man, daß sie noch lange, nachdem man das Feuer erstickt und mit der Harke hindurchgefahren ist, nachglüht, so daß man sie noch abends vom Bett aus geheimnisvoll hinten im Garten schimmern sehen kann? Ich machte diese Entdeckung in einer schlaflosen, dunklen Oktobernacht. Es ging bereits auf den Morgen zu, und ich hatte das Empfinden, daß mir ein Gang durch den Garten guttun würde. Noch war es stockfinster, und ich stolperte und stieß mir die Schienbeine wund, und es waren nur noch drei Streichhölzer in der Schachtel, die ich mir eingesteckt hatte. Aber es lohnte sich; denn als ich mich dem Obstgarten näherte, sah ich diesen seltsamen Silberschimmer wie Mondlicht aufleuchten. Ich trat näher und wärmte mit die Hände daran, und der Silberglanz war so hell, daß man hätte Zeitung lesen können dabei. Dann steckte ich ein Streichholz an – und in dem Augenblick war es vorbei, und der Aschehaufen lag grau, glanzlos und tot vor mir. Doch als das Streichholz erlosch, leuchtete er sofort hell wie ein Glühwürmchenschwarm wieder auf. Es gibt zweifellos irgendeine sehr einfache wissenschaftliche Erklärung dafür, aber ich will es gar nicht wissen und ziehe es vor, das Ganze als ein Wunder zu betrachten, das ich im Verlauf der Jahre nach Belieben wiederholen kann.

Ja, die Freudenfeuer gehören unter die angenehmsten Wiederholungen. Wie könnte jemand, beispielsweise, je zuviel Rauch bekommen? Es gibt endlose Rauch-Formen, Farben, Düfte und Arten, die sämtlich schön sind, so daß es schwerfällt, darunter eine Entscheidung zu treffen. Unter den unendlich vielen verschiedenen Mustern sind dies die beiden von mir bevorzugten: erstens, die dünne, leichte Rauchsäule, die an windstillen Tagen von einem niedrig brennenden Feuer senkrecht emporsteigt, wie ein weißer, in den Himmel weisender Finger; zweitens, die fetten Wolken und Schwaden, die aus einem gewaltigen Haufen hervorquellen, den man mit Erdklumpen und nassem Laub zu ersticken sucht. Bei solchen Gelegenheiten hat der Rauch etwas fast Körperliches; er gleicht einer lebendigen Plastik; und man meint, man könnte auf ihm reiten, könne mit ihm emporwirbeln und durch die Lüfte schweben.

Eine solche Verlockung geht jedoch nicht nur von den eigentlichen Freudenfeuern aus. Das Abbrennen des Grases tut es auch. Mein Gebiet für dieses «Da Capo» ist das Feld neben dem Obstgarten, wo man dieses Vergnügen zweimal im Jahr haben kann – im Februar und im August. Es ist schwer zu sagen, wann es mehr Freude macht; im Februar ist das Gras zäher und oftmals noch halb gefroren, so daß der hellblaue Rauch sich wie durch einen Silberschleier emporkräuselt. Rennt man an einem solchen kalten Tage über das Feld und steckt überall kleine Feuerchen in Brand, so stößt man dauernd auf warme Luftströmungen, die außerordentlich willkommen sind. Aber vielleicht ist es im August noch schöner, denn wenn der Sommer trocken war, spielt ein gewisses Gefahrenmoment hinein; eh man sich's versieht, züngeln die Flammen auf ein Bäumchen zu, und ehe man ihnen mit einem Besen den Garaus gemacht hat, muß man schon ans andere Ende des Feldes rasen, wo die Flammen einen der alten Apfelbäume bedrohen. Wenn der Nachmittag um ist, sieht man schwarz wie ein Schornsteinfeger aus, und es dauert zwanzig Minuten, bis man die Badewanne sauber bekommt –, aber es macht Spaß.

Außerdem – man bedenke, was man allein an Arbeitskräften spart! Keine älteren Hypochonder, die für das Mähen bezahlt werden müssen, keine unausstehlichen Jugendlichen, die man erst bestechen muß, damit sie überhaupt eine Sichel in die Hand nehmen. Statt dessen erledigen die alles verzehrenden flinken Flammen diese Arbeit für einen und hinterlassen das Erdreich in einem Zustand, der alle Sorten entzückender Feldblumen hervorlockt, die sich in der Sonne von dem verkohlten Boden abheben wie Muster auf einem schwarzen Lacktablett.

Man bedenke auch das Ungeziefer, das man vernichtet! Und hier muß ich innehalten; denn ich denke viel zu sehr daran, und statt erfreut zu sein, bin ich besorgt. Ich denke an die flüchtenden Marienkäfer, die erschreckten Grashüpfer und selbst an die nackten Schnecken, die doch schließlich nichts dafür können, daß sie nackt sind, und an all das Elend und die Zerstörung, die man verursacht. Und plötzlich erscheint einem das Leben so verworren, daß keine Philosophie es glätten kann.

WILHELM BUSCH

Die Schnecken

Rötlich dämmert es im Westen
Und der laute Tag verklingt,
Nur daß auf den höchsten Ästen
Lieblich noch die Drossel singt.

Jetzt in dichtbelaubten Hecken,
Wo es still verborgen blieb,
Rüstet sich das Volk der Schnecken
Für den nächtlichen Betrieb.

Tastend streckt sich ihr Gehörne.
Schwach nur ist das Augenlicht.
Dennoch schon aus weiter Ferne
Wittern sie ihr Leibgericht.

Schleimig, säumig, aber stetig,
Immer auf dem nächsten Pfad,
Finden sie die Gartenbeete
Mit dem schönsten Kopfsalat.

Hier vereint zu ernsten Dingen
Bis zum Morgensonnenschein,
Nagen sie geheim und dringen
Tief ins grüne Herz hinein.

Darum braucht die Köchin Jettchen
Dieses Kraut nie ohne Arg.
Sorgsam prüft sie jedes Blättchen,
Ob sich nichts darin verbarg.

Sie hat Furcht, den Zorn zu wecken
Ihres lieben gnäd'gen Herrn.
Kopfsalat vermischt mit Schnecken
Mag der alte Kerl nicht gern.

ERNST HEIMERAN

Vom richtigen Gießen

Sonderbar: einem Gartenfreund regnet es nie genug. Es regnet ihm mitunter zwar zuviel, aber wenn er das Jahr im ganzen betrachtet, ist es trotzdem zu wenig. Vom Standpunkt des reinen Gartengenusses könnte man auf Regen freilich überhaupt verzichten. Es ist zu bemängeln, daß der nötige Regen nicht des Nachts fällt, so daß man sich tagsüber verlustieren könnte, ohne naß zu werden und ohne gezwungen zu sein, naß zu machen. So aber ist beständig festzustellen, daß es schon wieder zu trocken geworden ist und daß erneut nichts übrig bleibt als nachzuhelfen.

Mit erhobenem Zeigefinger wird einem in diesem Augenblick bedeutet, daß ein ordentlicher Gartenfreund dieses Wassergeschäft nur mittels Gießkanne und abgestandenem Wasser besorgen darf. Der Schlauch sei nur für den Rasen und in Ausnahmefällen zu dulden.

Ich habe mich immer gefragt, woher die ordentlichen Gartenfreunde denn über diese Unmengen von abgestandenem Wasser und körperlichen Kräften und Arbeitsstunden verfügen, die erforderlich sind, um einen Garten mit der Gießkanne zu bewältigen? Mein Regenfaß und mein Wasserbottich reichen allenfalls zu, um die empfindlichsten Saaten, Setzlinge und die leicht erkälteten Gurken zu gießen. Und schon das ist oft eine Schlepperei, daß die ganze Familie mit darunter leiden muß. Oh, wie habe ich als Kind den väterlichen Gemüsegarten gehaßt, in dem ich mithelfen sollte, und wie viele Jahre hat es gedauert, bis ich diesen Schock überwand und selbst Freude am Gärteln bekam.

Ich finde daher, es ist ehrlicher zu sagen, daß das mit der Gießkanne und dem abgestandenen Wasser zwar ideal wäre, daß dieses Ideal für uns bequeme Liebhaber aber nicht in Frage kommt und daß wir uns daher lieber angewöhnen wollen, mit dem Schlauch vernünftig umzugehen. Das kann man nämlich, und dann macht das Spritzen wirklich Spaß und hat außerdem den Vorteil, daß man nicht nur weit bequemer, sondern auch gründlicher damit arbeiten kann.

Die Hauptsache beim Gießen ist nämlich die Gründlichkeit, daß wir nicht nur so obenhin fürs Auge die Beete feuchten, sondern auf den Grund gehen. Dazu muß unser Schlauch mit einem Mundstück versehen sein, das uns erlaubt, vom langsamen dicken Strahl bis zum feinverteilten Sprühregen zu regulieren. Es ist natürlich unsinnig, mit vollem Atmosphärendruck auf die Stauden und Beete loszuschießen. Man muß den Schlauch so handhaben, als sei er eine unerschöpfliche Gießkanne, muß da einen Blütenbusch gemütlich rundum einschlämmen, dort ein Beet durchdringend berieseln. Wo das längere Zeit dauert, setze ich mich höchst behaglich nieder und schaue zu, wie ich es regnen lassen kann.

Um das Gießen wird oft ein schreckliches Brimborium gemacht, daß man meinen könnte, man müßte zu jeder Pflanze extra Gießregeln auswendig lernen. Dabei ist die Sache zwar höchst wichtig, aber auch höchst einfach. Sie müssen sich nur vorstellen, Sie wären die Pflanze. Würden Sie etwa in jacher Sonnenhitze einen Kübel eiskalter Getränke hinunterstürzen? Vielleicht werden Sie's wirklich mal tun, dann haben Sie aber danach Magenweh. Oder würde es Ihnen genügen, Ihren abendlichen Durst mit einem Schnapsgläschen zu befriedigen oder gar nur das Gesicht zu besprengen? Nein, Sie wollen sich ordentlich satt trinken. Eben, das will auch die Pflanze. Sie will aber ebensowenig wie Sie (wie ich hoffe) sich jeden Abend besaufen. Lieber also zweimal die Woche gründlich, als jeden Tag nur ein bißchen. Und daß Sie die Pflanzensäuglinge anders, mit größerer Schonung nämlich, behandeln als Ihre dicken Sonnenblumen – muß man das sagen? Gerade einem bequemen Gartenliebhaber braucht man das sicher nicht einzuschärfen. Denn er ist von Natur davor gefeit, daß er des Guten zuviel tut. Und wenn er infolgedessen statt zu wässern gelegentlich nur eine Hacke bequem durch die Beete zieht, so tut er sogar etwas sehr Weises: er schafft der Feuchtigkeit bessern Zugang, ärgert das Unkraut und erfreut seine Pflanzungen, weil er sie damit zugleich lüftet.

LAFCADIO HEARN

Japanische Kompositionen

Ein japanischer Garten ist kein Blumengarten; er ist auch nicht zum Zwecke der Pflanzenkultur angelegt. In neun Fällen von zehn ist darin nichts zu sehen, was einem Blumenbeet gleicht. In manchen Gärten sieht man kaum einen grünen Zweig, andere enthalten überhaupt nichts Grünes, sondern bestehen ausschließlich aus Felsen, Kieseln und Sand – aber solche gehören zu den Ausnahmen. In der Regel ist ein japanischer Garten ein Landschaftsgarten, aber seine Anlage ist an kein bestimmtes Raumausmaß gebunden. Er kann ein oder mehrere Ar bedecken, er kann aber auch nur zehn Fuß im Quadrat haben. In besonderen Fällen kann er sogar noch weit kleiner sein; denn eine gewisse Art von japanischen Gärten ist sogar so winzig, um in einer *Tokonoma* (eine Art Nische) Platz zu finden. Solche Gärten in einem Gefäß, das vielleicht kaum größer ist als eine Fruchtschale, heißen *koniwa* oder *toko-niwa.* Man sieht sie gelegentlich in der *Tokonoma* kleiner, dürftiger Behausungen, die zwischen anderen Gebäuden eingezwängt sind, so daß kein Raum für einen Garten im Freien vorhanden ist. Ich sage «Garten im Freien», weil manche große japanische Häuser sowohl zu ebener Erde als auch im Obergeschoß Gärten im geschlossenen Raum haben.

Der *Toko-niwa* befindet sich gewöhnlich in irgendeinem seltsamen Napf, einem geschnitzten, flachen Kästchen oder in wunderlich geformten Gefäßen, für die es im Abendland keine entsprechende Bezeichnung gibt. Darin sind winzige Hügel aufgerichtet, mit winzigen Häuschen darauf, da sind auch mikroskopische Weiher und Flüßchen, von kleinen niedlichen Brücken überspannt, und wunderliche Zwerggewächse figurieren als Bäume und seltsam geformte Kiesel als Felsen. Da sind auch kleine *Toro*, ja vielleicht sogar ein kleiner *Torii*, kurz, ein entzückendes und lebendes Modell einer japanischen Landschaft.

Eine wesentliche Vorbedingung für das Verständnis eines japanischen Gartens ist, daß man ein Auge für die Schönheit der Steine habe; nicht etwa für die von Menschenhand behauenen, gemeißelten Steine, sondern einfach für die von der Natur geformten. Ehe du nicht fühlen kannst, daß Steine Charakter haben, Töne und Werte, kann sich dir der ganze künstlerische Sinn eines japanischen Gartens nicht erschließen. Bei dem Fremden, wie ästhetisch er auch veranlagt sein mag, muß dieses Gefühl erst durch Studium ausgebildet werden. Dem Japaner ist es angeboren. Die Seele der Rasse versteht die Natur unvergleichlich besser als wir – wenigstens in ihren sichtbaren Formen. Ein Abendländer, ein Fremder kann nur dann zum wahren Verständnis der Schönheit der Steine gelangen, wenn er sich mit der Art, wie die Japaner sie auswählen und anwenden, vertraut gemacht hat. Steine werden also um ihrer Schönheit willen sehr hoch geschätzt; große Steine, die wegen ihrer Form ausgewählt wurden, können einen ästhetischen Wert von vielen hundert Dollars haben. Und große Steine bilden das Gerüst im Plan der alten japanischen Gärten. Nicht nur wird jeder einzelne Stein mit besonderer Rücksicht auf die Ausdrucksfähigkeit seiner Form ausgewählt, sondern jeder einzelne Stein in dem Garten, selbst der der Umgebung, hat seinen eigenen individuellen Namen, der auf seinen Zweck oder seine dekorative Aufgabe hinweist.

Wie die Steine, so hat auch jeder Baum und Strauch seinen speziellen Landschaftsnamen, je nach seiner Stellung und seiner Aufgabe in der Komposition. Ebenso wie Felsen und Bäume das Gerüst des Grundplanes eines Gartens bilden, so bilden die Fichten das Skelett seiner Laubzeichnung. Sie geben dem Ganzen Rückgrat. In dem Garten, in dem ich wohne, stehen fünf Fichten, nicht in phantastische Formen gepreßte Fichten, sondern Fichten, die durch lange, unermüdliche Pflege und Behandlung zu wundersam malerischer Wirkung gebracht worden sind.

Die Aufgabe des Gärtners bestand darin, ihre natürliche Tendenz zu zackigen Linien und Nadelmaßen bis zur äußersten Möglichkeit zu entwickeln, dieses dunkelgrüne Nadellaub, das die japanische Kunst nie müde wird, in Intarsienarbeit und Goldlack nachzubilden. Die Fichte ist ein symbolischer Baum in diesem Land der Symbolik. Immergrün, ist sie zugleich das Sinnbild nie wankender Entschlossenheit und kraftvollen Alters, und ihren Nadeln wird die Macht zugeschrieben, Dämonen zu verscheuchen. In dem Garten sind auch zwei *Sakurano ki*, japanische Kirschbäume, die über allen Vergleich lieblicher sind als irgend etwas, das das Abendland aufweisen kann. Man liebt und kultiviert viele Arten. Die in meinem Garten tragen Blüten von zartestem Rosenrot, gleichsam einem rosig angehauchten Weiß. Wenn die Bäume im Frühling in Blüte stehen, ist es, als wären Massen von rosigen Federwölkchen vom Himmel herabgeschwebt, um sich an die Bäume zu schmiegen. Dieser Vergleich ist keine poetische Übertreibung, er ist auch nicht originell; vielmehr ist er eine alte japanische Beschreibung der wunderbarsten Blütenentfaltung, die die Natur zu bieten vermag. Der Leser, der niemals blühende Kirschbäume in Japan gesehen hat, kann sich unmöglich den Zauber eines solchen Anblickes vorstellen. Man sieht keine grünen Blätter – diese kommen erst später –, nur eine einzige herrliche überquellende Blütenfülle, die jeden Zweig und Ast in ihren zarten Duftschleier hüllt, und der Boden unter jedem Baum ist über und über dicht mit abgefallenen Blüten bedeckt, wie mit rosigen Schneeflocken.

Das westliche Ende dieses Gartens überschattend und seine weichen dunklen Äste über die Öffnung der Veranda streckend, steht ein prachtvoller *Ume no ki*, ein japanischer Pflaumenbaum, sehr alt, und ohne Zweifel so wie in andern japanischen Gärten, nur wegen des Schauspieles seiner Blütenpracht hierhergepflanzt. Das Blühen des *Ume no ki* im Vorfrühling ist sicherlich kaum weniger wunderbar als das des Kirschbaumes, das erst einen vollen Monat später erfolgt; und seine Blütenentfaltung wird durch allgemeine öffentliche Festtage gefeiert.

Der zweite Garten, auf der Nordseite der alten Samuraihütte, ist mein Lieblingsgarten. Er enthält keine großen Gewächse, ist mit blauen Kieseln gepflastert, und seinen Mittelpunkt bildet ein kleiner, von seltenen Pflanzen eingerahmter Weiher, ein Miniatursee – mit einem winzigen Inselchen, mit Zwergbergen und Pfirsichbäumchen, Fichten und Azaleen, von denen einige vielleicht mehr als hundert Jahre alt sind, obgleich ihre Größe kaum einen Fuß beträgt. Nichtsdestoweniger erscheint dieses Werk, wenn man es so ansieht, wie es nach der ursprünglichen Absicht seines Schöpfers angeschaut werden soll, dem Auge keineswegs in Miniaturverhältnissen. Von einer bestimmten Ecke des Gastzimmers gesehen, empfängt man den Eindruck eines wirklichen Seeufers, mit einer wirklichen Insel dahinter. So scharfsinnig war die Kunst des alten Gärtners, der all dies geschaffen und der nun wohl schon hundert Jahre unter den Zedern des *Geshoji* schlummert.

WILLEM VAN VLOTEN

Begnadete Gefräßigkeit

Verstümmele einen Rosenstock, schneide ihm die saftigsten Glieder vom Leib, und aus den Stummeln schießen neue kräftigere Organe empor; halbiere ein Geranium, zerstückele, zerschnitzele es ... und diese Schnitzel von Geschöpfen werden bald wieder, dank ihrer Regenerationskraft, als tadellose Geraniumstöcke in leuchtendem Blumenflor prangen.

Dafür sind die zum Sinnbild der Unschuld idealisierten Pflanzen die größten Fresser und Säufer auf Gottes Erdboden. Tag und Nacht ohne Unterbrechung, über der Erde und unter der Erde, obliegen sie fast mit ihrem ganzen Leibe diesem Geschäft. Sie sind ganz Rachen. Ihre zarten, in der Luft sich wiegenden Blätter verschlingen mit ihren Millionen unsichtbarer Spaltöffnungen die leichteste und feinste aller irdischen Speisen, nämlich die Luft; das dichte Gefaser ihrer Wurzeln verzehrt nicht weniger gierig die allerhärteste und massivste irdische Kost: das durchfeuchtete Erdreich. Indem sie verdauen, sind sie schöpferisch tätig: für uns Menschen ist und bleibt trotz unserer Wissenschaft ein Brocken Chilesalpeter totes Gestein. Wir sind nicht imstande, mit all unseren Methoden und Apparaten das Anorganische in ein Organisches umzuwandeln. Unsere Professoren müssen sich vor dem erstbesten Wiesenkraut und Gartenstrauch schämen; die machen das tote Erdreich auferstehen zum Leben, die wandeln in den kleinen Retorten ihrer Zellen Salpeter in Eiweiß und Eiweiß in Blattgrün und Farbenpracht. Das Genie der Pflanzen reißt den dumpfen Erdkloß in ein höheres Dasein empor. Es vollzieht an ihm das Urwunder der Transsubstantiation; aus Dreck erschafft es Rosen und Trauben, aus Steinen Brot.

Und es tut noch mehr: wie den Stoff veredelt es die Kraft. Es wandelt die Sonnenwärme in lebendige Energie. Alle organische Substanz, vom schwarzen Steinkohlenlager bis zum elfenbeinweißen Frauenbusen, und alle organische Kraft, von der Pferdestärke bis zur philosophischen Denkkraft, verdanken wir in allerletzter Linie der Freßgier und dem Verdauungsvermögen der Pflanzen. Auf ihrer Gefräßigkeit beruht gleichsam die Entwicklung und das Heil der Erde; sie liefert das Bildmaterial und die Betriebskraft für Tierwelt und Menschenwelt. Ihre Freßgier ist darum Tugend, ihre Verdauung Weltvervollkommnung, ihr Wachstum baumeisterliche Arbeit. Und zwar eine härtere Arbeit, als es auf den ersten Blick scheint. Was für eine kolossale Leistung bedeutet es nur für jeden einzelnen Nußbaum, an einem heißen Sommertag die zu seinem Stoffwechsel nötigen vielen Hektoliter Wasser haushoch in seine Krone hinaufzupumpen; wie muß sich ein Kartoffelfeld anstrengen, um Milliarden von Stärkekörnern aus der Luft zu holen und sachgemäß in lebenden Kammern abzulagern, wieviel schwere Erdklumpen muß es emporheben, um an ihre Stelle ganze Nester rosaroter Kartoffelknollen zu legen, damit im Herbst schwerbeladene Leiterwagen unter der Last von Kartoffelsäcken tiefe Geleise in den Feldwegen ausfahren.

Der Schöpfertrick des Blumenzüchters, des Obstzüchters und Gemüsezüchters ist ein und derselbe: er füttert und überfüttert. Auf diese Überfütterung antworten alle Pflanzen mit übertriebenem Wachstum. Das Tier kann überschüssige Spannkräfte durch spielerische Bewegung loswerden, der Mensch durch zweckmäßige Arbeit, die Pflanze nur durch Vergrößerung und Überbildung ihres eigenen Leibes. Und zwar verteilt sich diese Überbildung selten gleichförmig auf den ganzen Pflanzenleib. Die Gewächse sind Spezialisten der Nahrungsverwertung. Ein überfütterter Spalierbirnbaum läßt seine Früchte zu einem monströsen Klumpen schmelzenden Birnfleisches aufwallen, der Kohl verdickt seinen Blattstand zu einer schwerkompakten feisten Blattkugel, die Rose verfünfzigfacht, verhundertfacht ihre Blumenkrone.

Am nächsten in der Vielgestaltigkeit kommen den Rosen die Chrysanthemen, Nelken, Dahlien und Begonien. Unser Chrysanthemenflor täuscht uns noch im Spätherbst sommerliche Farbenbuntheit vor. Das Jenseits der Gartenmauer, die Welt von Gottes Gnaden: langweilig, kahl und fahl; das Diesseits der Mauer, die Welt von Menschen Gnaden: ein Gelächter von Gelb, Weiß, Rot und Goldbraun.

Zwischen den Rabatten hinschlendernd und mit anspruchsvollen Augen die Creme der Blütenpracht obenabschöpfend, sind wir geneigt, die Fülle und die Freigebigkeit der Natur zu preisen. In Wirklichkeit heißt diese sogenannte Natur, ebenso wie im Obstgarten, zur guten Hälfte: Menschenfleiß. Ohne den bliebe auf den schwellenden Blumenbeeten wenig Genießbares übrig. Diese zartsüßen Blumensterne haben schon Unsummen von Menschenkraft aufgefressen.

Jede Blumenschönheit tritt zum erstenmal auf als Improvisation der durch Überfütterung angeregten Natur. Die willkürliche Wiederholung dieses Einfalls, das Festhalten einer solchen entzükkenden Naturlaune zu festen Regeln ist Menschenverdienst.

Über das Zeitmaß ihrer Dauer entscheidet freilich wieder eine andere Laune: die der Mode. Unsere Gartenblumen sind nämlich Modeartikel, oder vornehmer ausgedrückt Bestandteile unseres

Lebensstils. Unsere moderne Gartenflora sieht ganz anders aus und ist ganz anders stilisiert als die vor fünfzig Jahren. Damals waren die Dahlien und Astern rund, bäurisch steif, plastisch gedrungen; heute in die Länge gezogen, elegant und malerisch zerzaust. Die Form und der Zuschnitt der Gartenblumen sind für eine Zeitepoche charakteristischer als die Hutform und der Kleiderschnitt.

Die Gartengewächse kennen keine Existenzsorgen, sie haben alles, was ihr Lebensdrang begehrt, sie schwelgen im Überfluß. Das Dasein ihrer Mitpflanzen jenseits des Zaunes ist aufreibender Kampf, das ihrige: ewiges Gelage. Sie sind gleichsam die Lebewelt unter den Pflanzen. Sie sollen uns durch ihre lebendige Pracht die Nachtseite des Lebens vergessen machen und uns zujubeln, das Leben sei eitel Lust und Farbe und Schönheit. Was diese Illusion stört, wird aus dem Garten entfernt; was nach Mangel und Tod schmeckt, wird ausgemerzt. Kümmerlinge machen eine üble Figur beim Freudenbankett, sie stehen im Widerspruch zum Genius loci, sie dämpfen die Festfreude. In eine Umgebung der Pracht und des Überflusses und Genusses passen nur wohlgestaltete, von Daseinslust strotzende Geschöpfe. In einem richtigen Blumengarten soll eine ähnliche Feststimmung herrschen wie in einem von Paolo Veronese gemalten venezianischen Prunksaal. Die existenzfreudigen schönen Menschen Veroneses durchleben in üppigem Behagen ihr prachterfülltes Dasein im Bild; dasselbe tun, auf wohlgepflegten Beeten, die Gartenblumen leibhaftig.

FRANCIS BACON
(um 1600)

Blütendüfte

Weil aber der Blütenduft in der Luft, wo er wie flutende Musik hin und her zieht, weit lieblicher ist als in der Hand, so kann man sich diesen Genuß leicht verschaffen, wenn man diejenigen Blumen und Pflanzen kennenlernt, die die Luft mit den köstlichsten Wohlgerüchen erfüllen. Damaszener- und rote Rosen sind zurückhaltend mit ihrem Duft, so daß man an einer ganzen Reihe davon vorbeigehen kann, ohne etwas von ihrem Wohlgeruch zu verspüren, wäre es auch selbst im Morgentau. Lorbeer gibt gleichfalls keinen Duft von sich, solange er wächst, Rosmarin wenig, ebenso der wohlriechende Majoran. Diejenige Blume, welche vor allen andern den lieblichsten Wohlgeruch in der Luft verbreitet, ist das Veilchen, namentlich das gefüllte weiße, welches zweimal im Jahre erscheint: gegen Mitte April und um

Sankt Bartholomä. Gleich danach kommt die Moschusrose, darauf die Erdbeerblätter, die im Absterben den köstlichsten, herzhaftesten Duft ausströmen. Sodann die Rebenblüte, die einem kleinen Staubkörnlein gleicht, wie das Knöspchen des Riedgrases, wenn sie zuerst aus dem Traubenbüschel hervorguckt; dann der Hagedorn, der Goldlack, der ganz köstlich ist, wenn er unter dem Fenster eines Wohnzimmers oder unter einem tief herunterreichenden Fenster steht; darauf folgen Nelken und Levkojen, besonders die Gewürznelke und gefüllte Levkoje; dann Lindenblüten; endlich Geißblatt, am besten aus einiger Entfernung. Von Bohnenblüten spreche ich nicht, weil sie Feldblumen sind. Von denen aber, welche die Luft am köstlichsten durchduften, an denen man nicht wie an den übrigen vorübergeht, sondern sie mit Füßen tritt und zerknickt, gibt es drei an der Zahl: sie heißen Pimpinelle, Thymian und Pfefferminze; man sollte ganze Alleen davon ziehen, will man sich beim Lustwandeln den Genuß ihres Duftes verschaffen.

ANTHONY ARMSTRONG

Le square

Die Geschichte passierte, als wir drei uns auf dem Weg von Calais nach Paris befanden. Percival war tief in einem aufregenden Kriminalroman vertieft – wir hatten darauf bestanden, daß er ihn mitnahm, um ihn an Diskussionen über französische Politik auf französisch mit englischen Mitreisenden zu verhindern –, als unser Zug auf der Station Abbéville anhielt. An dem Teil des Bahnhofs, vor dem unser Abteilfenster zu stehen kam, sah ich eine Tafel. Ich störte Percival sogleich aus seiner Lektüre auf und machte ihn auf sie aufmerksam. Darauf stand:

LE SQUARE
STEHT MM. LES VOYAGEURS
ZUR VERFÜGUNG

Hinter der Tafel war ein kleiner weißer Zaun, der ein Fleckchen Gras einschloß; das Gras hatte anscheinend eine unglückliche und enttäuschende Kindheit hinter sich. Rechts und links stand je eine traurige Bank, und es gab auch etwas, das einem Kiesweg glich. Das Ganze war etwa so groß wie der Vorgarten eines Reihenhäuschens, und es hatte sichtlich den Zweck, den Reisenden, die während des Zugaufenthalts auszusteigen beliebten, einen angenehmeren Ort für einen kurzen Spaziergang zu bieten als den Bahnsteig.

An einem Februarnachmittag vom warmen Zugabteil aus betrachtet, sah der Fleck besonders wenig einladend aus; aber es war die Absicht, die ihm zugrunde lag, die sowohl mich wie Percival reizte. Wir erkannten ihre Bedeutung und dachten an den eifrigen und gewissenhaften Bahnhofsvorsteher, wie er sich wohl das Hirn zermartert hatte, um seinen zeitweiligen Gästen eine kleine Aufmerksamkeit zu erweisen. Wir stellten uns vor, wie ihm plötzlich die Eingebung kam, etwas echt Englisches zu schaffen, «Un square pour la promenade». Wir gedachten des Stolzes, den er beim Gedanken an eine neue Einrichtung empfunden haben mußte, die so viel ästhetischer war als eine «salle d'attente», so viel geistiger als ein Büfett. Und dann stellten wir uns voller Rührung vor, wie der Arme immer enttäuschter und wehmütiger wurde, als ein Zug nach dem andern aus England, der Heimat des «Square», ankam, achtlos stehen blieb und seinen Weg fortsetzte ...

Percival und ich blickten uns an und standen gleichzeitig auf. Zumindest wir beide würden einen Hoffnungsstrahl ins Leben des Armen bringen. Wir waren MM. les Voyageurs, und Le Square stand uns während der etwa zehn Minuten arrêt des Zugs zur Verfügung. Seinetwegen würden wir ihn benützen.

Trotz Frances' Protest stiegen wir aus. Mit entschiedener Miene und erhobenem Kopf, ein nonchalantes Wort auf den Lippen, betraten wir zusammen Le Square.

Ich glaube nicht, daß irgend jemand vor uns jemals Le Square seit seinem Bestehen betreten hatte, denn die Sensation, die wir verursachten, war ungeheuer. Mit einemmal schaute ein Kopf neben dem andern aus den Wagenfenstern wie Erbsen in der Hülse. Gepäckträger packten einander bei den Armen und starrten verblüfft. Ein Beamter, der die Fahrkarten abnahm, ließ sie alle fallen und rief in freudiger Erregung nach dem Bahnhofsvorsteher. Ich sah sogar, wie ein pensionierter britischer Oberst in seinem Abteil erster Klasse einen Augenblick lang von der «Times» aufblickte.

Percival und ich taten, als merkten wir nichts von all dem, spazierten einmal um Le Square, schritten zweimal quer hindurch und begannen eine Unterhaltung über den Trafalgar Square, den Leicester Square und andere Squares, die wir kannten.

Bald kam der Bahnhofsvorsteher in ungläubigem Staunen und im Laufschritt daher, gefolgt von einer Horde von Gepäckträgern.

«Bonjour, messieurs», begann er, als er seinen

Atem und seine Stimme wiedergefunden hatte.

«Bonjour», antworteten wir freundlich und begaben uns zur südlichen Bank, von der aus man meiner Meinung nach eine bessere Aussicht genoß.

«Qu'est-ce que vous faites là, messieurs?»

«Nous nous amusons dans votre beau Square», sagte ich ernst.

«Quel beau panorama!» fügte ich hinzu mit all dem Entzücken eines Menschen, der zum ersten Mal die Riviera von der Grande Corniche aus erblickt. Dies wurde von einigen der Franzosen mit Jubel begrüßt, und der Bahnhofsvorsteher quittierte es mit schlichter Höflichkeit, indem er seine Mütze abnahm.

«Vous vous trouvez bien là?» erkundigte er sich dann eifrig, als wolle er uns um unser Autogramm für das Besucheralbum bitten. Wir erwiderten, daß wir uns sehr wohl befänden, vielen Dank, und wagten die Bemerkung, daß wir überrascht seien, Le Square nicht voller zu sehen, da es doch so eine großartige Idee sei, so etwas hier anzulegen.

Der Bahnhofsvorsteher wußte gar nicht, was er vor Entzücken anfangen sollte. Er strahlte über das ganze, erst gestern rasierte Gesicht, und plötzlich wurden seine Augen feucht. So fanden wir unsere Annahme bestätigt, daß Gedanke und Ausführung von Le Square ein Unternehmen gewesen war, auf das er in jugendlichem Überschwang verfallen war, ein Ausdruck Abbéviller Stolzes auf sich selbst und seinen Bahnhof – um dann langsam abzusterben angesichts der endlosen Zugfolgen mit phantasielosen Engländern ... bis zu diesem Tag, an dem Percival und ich ihm den Glauben an seine einstigen Ideale wiedergeschenkt hatten.

«Ah, messieurs!» begann er seelenvoll, und nun machten sich seine Gefühle Luft in einer Flut von nahezu unverständlichem Französisch. Er kam durch die Gartentür herein, um uns die Hände zu schütteln. Er trieb einen frevlerischen Träger, der es gewagt hatte, ihm zu folgen, mit Schimpf und Schande zurück. Er hob ein Streichholz auf, das der unachtsame Percival auf das Gras hatte fallen lassen. Er lud uns ein, mit ihm zum Buffet zu kommen und einen zu heben. Zumindest hatte Percival ihn so verstanden; mein eigener Eindruck war, daß er uns aufforderte, mit in sein Büro zu kommen, um uns einen Spezialdünger anzusehen, den er für das Gras verwendete.

Percival erwiderte, es tue ihm leid, aber er müsse mit dem Zug weiterfahren. Der Bahnhofsvorsteher schien diesen Einwand von sich zu weisen. Was war das schon – ein Zug – unter Freunden! Hunderte von Zügen fuhren täglich durch seinen Bahnhof, und er konnte Percival einen guten aussuchen, wann immer er wollte. Ich glaube, er bot Percival tatsächlich an, jeden Zug für ihn anzuhalten, der ihm gefallen würde. Aber falls Percival nun einmal darauf bestand, gerade mit diesem hier zu fahren, nun, auch das konnte arrangiert werden. Er warf dem Zugführer ein Wort über die Schulter zu.

Der Zugführer jedoch, Eingeborener von Paris, einer Stadt mit lauter Hauptbahnhöfen, hatte offensichtlich keinen Sinn für die Art von Bürgerstolz, wie er die Brust des Bahnhofsvorstehers von Abbéville erfüllte – einer Stadt von nur zehn Minuten Aufenthalt! Er blies seine Pfeife.

Mir hatte schon so etwas geschwant, und ich rannte. Percival, zu dem der Bahnhofsvorsteher eine ungeheure Zuneigung gefaßt hatte, mußte bleiben und ihm erst die Hand schütteln und konnte nicht so schnell loskommen.

Ich erwischte gerade noch unseren Wagen und kletterte hinein. Percival erwischte ihn nicht. Ich berichtete Frances, daß Percival noch damit beschäftigt sei, in Abbéville Hände zu schütteln, und wahrscheinlich später mit einem Sonderzug nachkommen würde. Frances, die sich etwas auf ihre Geistesgegenwart einbildet, warf sein Buch auf den Bahnsteig, damit er sich die Zeit vertreiben könne, und bis Amiens saßen wir in düsteren Gedanken da.

In Amiens tauchte Percival wieder auf und erklärte etwas kleinlaut, daß es ihm gelungen war, auf den letzten Wagen aufzuspringen, aber der Weg zu unserm Abteil habe durch den Speisewagen geführt, und da sei er etwas aufgehalten worden.

Von Amiens bis Paris wunderte er sich, wo wohl sein Buch hingeraten war. Die feige Frances half ihm suchen.

RICHARD KATZ

«Ach, die lieben Amseln!»

Der gute Vater Brehm rühmt die Amsel als zweitbeste Sängerin unserer Zonen. Gleich hinter die Nachtigall reiht er sie ein.

Aber selbst Vater Brehm hat nicht immer recht.

Zugegeben: die Amsel flötet angenehm, und täte sie es zu passender Zeit, stimmte ich in ihr Lob ein. Doch auch eine berühmte Koloratursängerin sollte nicht ausgerechnet um fünf Uhr morgens konzertieren und ihr Programm eben dann wiederholen, wenn ich meinen Mittagsschlaf halten will!

Wer in den Tropen gelebt hat, weiß, wie wichtig die Siesta ist. Bewunderte ich den alten Churchill nicht aus gewichtigeren Gründen: ich täte es seiner Bemerkung wegen, die er zu wiederholen pflegt, sooft ihm mitgeteilt wird, irgendwer sei gestorben. «Wahrscheinlich hat er nicht nach dem Mittagessen geschlafen!» sagte dann der große alte Mann.

Schlafe einer, wenn ein brünstiges Amselmännchen gerade zur Siestazeit das Bedürfnis verspürt, seine Braut mit den durchdringenden Trillern anzuflöten, denen Vater Brehm den schriftdeutschen Text «Sri» und «Tränk» unterlegt! – Ach, wäre es nur *ein* Amselmännchen! Meist sind es drei bis fünf, die einander in meinem Garten übertrillern! Das Malheur ist: es gibt ihrer zu viele!

Die Amsel ist ein sehr geselliger Vogel.

Wo eine sich eingenistet hat, folgen ihr andere nach, um gemeinsam auf dem Boden herumzuhüpfen, zu flattern – zu richtigem Fliegen sind die meist zu fett – und, versteht sich, gemischten Chor zu singen.

«Wenn eine ihren Gesang beginnt, beeilt sich jede andere, die sie hört, ihr singend zu antworten», vermerkt ihr wohlwollender Freund Brehm. «Eine lernt auch von der anderen, gute Sänger erziehen treffliche Schüler, Stümper verderben ganze Geschlechter.» Mag sein, ich bin voreingenommen, aber ich werde den Verdacht nicht los, daß die Amseln meines Gartens verdorbenen Geschlechtern angehören.

Da lobe ich mir das Rotkehlchen, das mir bei der Gartenarbeit nachhüpft. Auch dieses zwitschert melodisch, doch um vieles leiser und – vor allem – *solo!* Nie hört man zwei Rotkelchen gleichzeitig; jedes hat sein Revier und verteidigt es gegen andere. Einer Amsel hingegen ist nichts lieber als andere Amseln. Sie singt so gern in Gesellschaft, daß sie einen aufseufzen läßt:

«Liegt ein Wäldchen wo in Ruh
Gleich singt's Quartett ‹Wer hat dich, du› ...»

Als ich mich vor nunmehr dreißig Jahren im Tessin ankaufte, hatte ich mich noch wie Brehm darüber gefreut, daß Amseln in meinem Garten sangen.

In *meinem* Garten? In *ihrem*, hieße es richtiger.

Aufdringlich, wie sie sind, haben sie ihn für sich und ihre Brut annektiert.

«Amseln», schreibt Vater Brehm, «unterscheiden recht wohl zwischen gefährlichen und ungefährlichen Leuten» – und mich haben sie leider unter die ungefährlichen eingereiht, weil ich seit vielen Jahren keine Flinte mehr anrühre.

Schlau wie sie sind, machen sie sich das zunutze. Beständig höre ich ihr Zwitschern und Flöten. Nur eine Katze würde ihrer Herr, nicht ein Katz. Doch seit mein Haus entmaust ist, halte ich keine Katze mehr, um nicht auch ehrbare Vögel zu verschrecken. Deshalb habe ich meine mit viel Mühe großgezogenen Kirschbäume abhacken lassen, weil doch nur Amseln sie abernteten, und habe es aufgegeben, Gemüse zu pflanzen, weil sie die Saaterbsen aus dem Boden picken und alle anderen Sämlinge dazu. Sogar auf mein Erdbeerbeet habe ich verzichtet, obwohl ich frische Gartenerdbeeren sehr gerne esse. Es ist zu mühsam, über jedes Pflänzchen eine Drahthaube zu stülpen, um sie vor gierigen gelben Amselschnäbeln zu sichern! Vergißt man es einmal, sind alle Amseln des Distrikts Locarno am Schnabulieren.

«Geselligkeit scheint den meisten Amseln Bedürfnis zu sein», schreibt lobend Vater Brehm, obschon er, der Wahrheit zuliebe, zugeben muß: «Sie sind keineswegs friedfertig, geraten vielmehr recht häufig in Streit; aber der Lockruf, den eine von ihnen ausstößt, wird von anderen selten gehört, ohne befolgt zu werden.» Das stimmt: reiften mir Erdbeeren, hörten alle Amseln bis Bellinzona im Norden und Stresa im Süden den Lockruf der meinen und folgten ihm im Nu.

Brehm lobt die Amseln nicht nur ihres Gesanges, sondern auch ihres Nutzens wegen, während ich ihnen selbst Werren und Blattläuse vorziehe, die des Gärtners geschworene Feinde sind.

Mag sein, unsere Meinungsverschiedenheit liegt daran, daß ich, trotz meinem Alter, um gut sechzig Jahre jünger bin, als er es wäre, wenn er noch lebte. Und diese sechzig Jahre haben auch im Leben der Amsel allerhand geändert.

Zu Brehms Lebzeiten waren die meisten Amseln noch Zugvögel, die im Herbst gleich den Schwalben in den sonnigen Süden flogen, um erst im Frühjahr wiederzukehren.

Als Kind habe auch ich das Liedchen gesungen:

«Alle Vögel sind schon da,
Alle Vögel, alle!
Amsel, Drossel, Fink und Star
Und die ganze Vogelschar
Wünschen dir ein frohes Jahr,
Lauter Glück und Segen.»

Was die Amsel anlangt, ist das längst nicht mehr wahr. Sie ist nicht «schon da», sondern gar nicht erst weggeflogen. Aus einem Zugvogel, der vordem den Winter in Afrika verbracht hatte, wurde sie vorerst zu einem Strichvogel, der sich mit dem halbwegs milden Norditalien begnügte. Weil jedoch dort allzu viele in die Netze der Vogelsteller und danach in die Bratpfanne gerieten, haben die Überlebenden auch auf kurze Saisonreisen verzichtet und bleiben nun, wo sie sind. Lieber im Schnee als in Polenta, denken sie wohl (sofern Amseln an etwas anderes denken können als ans Fressen) und stehlen den Meisen das Winterfutter.

Als ich mich im Tessin ansiedelte, trat ich auch dort dem Tierschutzverein bei und unterstützte seinen steten Kampf gegen die «Vögel in Polenta», nach denen nicht nur den Italienern, sondern auch recht vielen italienischen Schweizern der Mund wässert.

Seit jedoch zu viele Amseln bei mir nisten, urteile ich milder. Ja, um ganz ehrlich zu sein: auch ich delektierte mich an Amseln in Polenta, wenn nicht die Gattin unseres Bürgermeisters, die der gute Geist unseres Tierschutzvereins ist, so energisch wäre, daß sie mich in solchem Sündenfalle mit Schimpf und Schande ausschlösse. Sonst äße ich die Amseln meines Gartens mit Genuß! Denn was alles haben die *mir* schon weggefressen!

Mit dem Schaden an Beeren und Obst ist ihr Sündenregister noch lange nicht erschöpft.

Seit die Amsel bei uns vom Zug- zum Standvogel geworden ist, hat sie der Zwang des Winters vom Insekten- zum Allesfresser gemacht. Unter unseren Gartenvögeln ist sie etwa das geworden, was Mark Twains «Weißer Elefant» unter den Säugetieren war: «Er frißt Bibeln und Menschen und alles, was zwischen Bibeln und Menschen liegt.»

Die Amseln meines Gartens fressen Brot und Salat, und geradezu leidenschaftlich stehlen sie meiner Arara das Futter aus dem Napf. Besonders gern fressen sie Weintrauben. Das versteht sich; die weidet auch meine Pudelhündin genießerisch ab. Notfalls fressen sie aber auch die Fruchttrauben meiner Hanfpalmen und hinterlassen den Ge-

genwert allüberall im Garten. Werden ihnen die Palmbeeren zu hart, weichen sie sich sie in Wasser auf und versauen damit mein Vogelbad. Sie fressen – ach, was fräßen sie nicht!

Halt ja, eben das fressen sie *nicht*, dessentwegen Brehm sie für nützlich hält: *Insekten.* Die rühren sie nur im äußersten Notfall an. Geradezu gelangweilt lassen sie Raupen und Blattwanzen an sich vorbeikriechen.

Während ein Rotkehlchen täglich ein Mehrfaches seines eigenen Gewichts an schädlichen Insekten vertilgt, ist solch gartennützliches Gehaben den Amseln meines Gartens an den Fingern *einer* Hand aufzuzählen: in all den Jahren habe ich nur fünfmal gesehen, daß eine Amsel einen Engerling aus dem Boden gestochert, und nur dreimal, daß sie ihn auch gefressen hat.

Seien wir gerecht! Dies ziemt sich selbst gegenüber einem so lästigen Wesen wie der Amsel. Auch sie hat gute Eigenschaften. Zuvörderst einmal singt sie. Zwar meine ich, daß sie nicht so rein singt, wie Vater Brehm es ihr nachrühmt, doch klingt ihr Solo immerhin annehmbar.

Ferner ist sie ein schmucker Vogel. Deswegen vor allem steht sie unter Vogelschutz und hat – leider! – das ganze Jahr hindurch Schonzeit.

Doch diesen beiden Gutpunkten sei nochmals entgegengehalten: es gibt ihrer zu viele!

Im Vertrauen auf ihre Unantastbarkeit vermehren sie sich in geometrischer Progression. Zwei-, ja, dreimal jährlich brüten sie vier bis sechs Eier aus, und seit die Raubvögel immer seltener werden, die ihre natürlichen Feinde sind, wird der Gärtner der Amseln nicht mehr Herr.

Gegen die Amsel-Plage sind wir Gärtner auf die nutzlosen Scheuch- und Schutzmittel angewiesen, welche die Gartenkataloge anpreisen. Den Amseln wäre allenfalls zugute zu halten, daß sie damit eine betriebsame Industrie in Nahrung setzen. Doch deren Abwehr hilft, wenn überhaupt, bloß kurzfristig.

Nur naive junge Amseln nehmen einen Katzenkopf aus Blech ernst, auch wenn seine Glasaugen grüngrausam funkeln. Daß gar Metallfolien, die im Wind knattern, auf sie schießen, glauben nur noch Amselküken, bevor sie flügge werden.

Wirksam sind nur schützende Drahthauben über den Sämlingen. Brehm empfiehlt sie als *«leichte Mühe»*, aber Brehm war leider kein Gärtner. Sonst hätte er gewußt, wie *schwere* Mühe es bedeutet, jeder Erdbeerpflanze eine Drahthaube überzustülpen.

Immerhin rügt selbst er, daß «manche Amseln nackte kleine Singvögel verschlingen». Das schränkt er freilich, in seiner Voreingenommenheit für Amseln, dahin ein, «daß solche Nesträubereien nur einzelnen entarteten Stücken und nicht dem ganzen Geschlecht zur Last gelegt werden können».

Da ich noch keine Amsel beim Nestraub erwischt habe, muß ich es dahingestellt sein lassen, ob auch mein Garten Amsel-Kannibalen beherbergt. Mit Bestimmtheit weiß ich jedoch (weil ich es immer wieder sehe), daß meine Amseln nützlichere Vögel protzig verdrängen, sobald sich die unterstehen, in ihrer Nähe etwas aufzupicken. Nur ihresgleichen dulden sie um sich.

Aus all diesen Gründen seufzte ich tief, als mich eine altjüngferliche Besucherin anschwärmte: «Ach, die *lieben* Amseln! Wie *viele* Sie haben!»

«Wollen Sie welche? – Bitte, bedienen Sie sich!» antwortete ich ihr bitteren Tonfalls.

PLINIUS DER JÜNGSTE

Revolution im Pflanzenreich

Du kennst meine Liebe für den Gartenbau, diese Erholung aller großen Seelen; auf meinem Fensterbrett stehn zwei Monatsrosen und eine Fuchsia in Töpfen. Neulich nun, als ich mich meinem hängenden Garten näherte, um die Fortschritte und Wirkungen des Frühlings zu beobachten, belauschte ich das Geheimnis einer Verschwörung, deren Losungswort der Westwind von einem Kelch zum andern trug.

Das Volk der Samenkapseln steht auf, der Sturm der Staubfäden bricht los gegen die Menschheit. Treibhaus und Krautgarten reichen sich die Hand, bald werden die Glasglocken zum Sturm läuten; der Geist der Verschwörung hat sich in alle Kelche geschlichen, die Sonne und die Rache lassen alle Pistille aufschwellen. Die Artischocke wetzt stillschweigend ihre Stachelspitzen; die Melone bereitet sich eine Schalenrüstung, die dem schärfsten Messer Trotz bietet.

Heimliche Schauer durchzogen die Beete mit jungen Bohnen; ein verdächtiges Flüstern verbreitete sich vom Kopfsalat bis zum Spinat, und von diesem drang es weiter zur Zichorie und zum Sellerie. Die Verschwörer erwarteten das Signal zum Aufstand.

Eine Königskerze, geschworene Feindin aller Empörungen, und eine loyale Immortelle, eine begeisterte Freundin des Bestehenden, haben mir alle Einzelheiten des Komplotts vertraut. Eine ganz gemeine Pflanze, aus den niedrigsten Klassen der Botanik stammend, eine obskure ranglose Distel hat den frechen Plan ausgeheckt und sich an die Spitze der Revolution gestellt; nur Leute, die nichts zu verlieren haben, sind begeistert für gewaltsame Umwälzungen.

In das Geheimnis eingeweiht, begab ich mich nun an den Versammlungsort der Verschworenen. Hier überzeugte ich mich, daß die Pflanzen schon lange eine geheime Verbindung organisiert haben, welche in Kränzchen, Sträuße und Girlanden zerfällt; diese Klassifikation, von der die Polizei ebensowenig ahnt wie Linné, flößte mir eine hohe Meinung von der politischen Bildung der Verbündeten ein.

Nichts ist so gefährlich wie ein Volksredner aus dem Volke; das hat mir die Distel deutlich bewiesen. Der Catilina der Blumenwelt durchlief mit seinen Blicken die Reihen der Anwesenden und redete dann zu ihnen wie folgt:

«Bäume und Sträuche, Büsche und Pflanzen!

Blätterreiche Mitverschworene, geliebte Geschwister!

Der Augenblick ist da, den Händen unserer Unterdrücker Spaten, Hacke und Hippe zu entreißen. Wir wollen uns nicht mehr von ihnen nach ihrem Gutdünken beschneiden und anbinden lassen, wollen nicht mehr eine gezwungene und noch obendrein gemischte Ehe mit einem uns fremden Pfropfreis schließen. Die Pfropfschaft ist noch tausendmal hassenswerter und unmoralischer als die Leibeigenschaft, gegen welche sich das feige Menschengeschlecht selbst so empört hat. (Zeichen des Beifalls unter den Zuhörern.) – Vergißmeinnicht, erhebt euch aus euren weichlichen Träumen! Rosen, Nelken, Veilchen, Jasmine, entsagt euern entwürdigenden Liebschaften, legt euere bunten Festkleider ab, wappnet und rüstet euch, wenn ihr wollt, daß der Mensch künftig nicht mehr aus eueren edelsten Säften unreine Essenzen, verhaßte Waschwasser und schmierige Pomaden bereite!

Und du, Gemüse, redliches, fleißiges, kinderreiches Volk, wirst du es noch länger dulden, daß man dir dein Liebstes, deine Kleinen, schon in zartester Jugend raubt, um sie im Übermut als erste junge Erbsen, junge Bohnen zu fressen?! (Eine Zwiebel vergießt heftige Tränen.) Für die Erstgeborenen der Artischocke – unglückliche Mutter! – ward die Folterqual der Pfefferbrühe und des Bakkens in Teig von den Allesverzehrern ersonnen. Hört das Klagegeschrei der Opfer, die aus dem tiefen Grunde der Kasserollen beschwören, ihre Rächer zu werden! (Schauer und Zähneknirschen unter den Zuhörern) – Mohnköpfe, wacht auf aus euerem Schlafe, es geht um eueren Kopf!

Und ihr, aufkeimende Champignons, die man so grausam der heimatlichen Erde des friedlichen Mistbeets entreißt, statt der den Feinschmeckern so angenehmen Säfte entquelle euch künftig ein tödliches Gift! Euch aber, geliebte Pfeffergurken, verdammt das grausame Menschengeschlecht nicht allein zu der ewigen Hölle des gläsernen

Kerkers, es zweifelt auch an eueren geistigen Kräften! (Murren auf der Bank der Pfeffergurken.) – Ich frage euch, ihr Melonen, wollt ihr euch auch ferner so ruhig schlachten lassen, ihr Radiese, wollt ihr euch immer so roh behandeln lassen, ihr Zuckererbsen, wollt ihr euch stets mit Haut und Haaren schmoren lassen? Nein, meine Freunde! So darf es nicht bleiben; der Zorn, der euch entflammt, bürgt mir dafür. Zu den Waffen, ihr Sprossen des Pflanzenreiches! Möget ihr siegen oder fallen, Unsterblichkeit wird euch zuteil. Die Trauerweide wird Tränen über der Ruhestätte der Toten vergießen und die Zypresse am Grabe ihren Ruhm den Überlebenden verkünden, den Ruhm derer, die da tapfer starben für Freiheit und Vaterland.»

Nach dieser Rede trennten sich die Versammelten, aber die höchste Begeisterung erfüllte jede Brust. Die Spargel trugen den Kopf noch einmal so hoch, und selbst der Kürbisse kaltes Innere durchflammte die lodernde Glut des Freiheitsdranges. Der Tabak allein blieb seinem gewöhnlichen Indifferentismus getreu; die ganze Rede hindurch ließ er seine Pfeife nicht ausgehn.

Hätte sich die Zwietracht nicht unter die Verschworenen geschlichen, so wäre es um unsere Küche geschehen gewesen. Aber die Moose und die Farnkräuter sonderten sich ab und bildeten eine eigene politische Partei. Zwischen der Runkelrübe und dem Zuckerrohr kam es zu Raufhändeln und die – leider nur zu späte – Dazwischenkunft der Mohrrübe vermochte allein die erbitterten Gegner zu trennen.

WOLFGANG WEHNER

Der entlaufene Gartenzwerg

«Also, des waar des höchste, wenn i mein Gartenzwerg nimma kenna taat», sagt Herr Sebastian Hierl und schneuzt erbost in sein rotgeblümtes Taschentuch. Der Gartenzwerg steht, von den Augen des Gerichtes, des Staatsanwaltes, des Zeugen und des Angeklagten Hieronymus Scheierl teils neugierig, teils mißtrauisch, teils liebevoll betrachtet, auf dem Richtertisch und starrt aus seinen wasserblauen Gipsaugen listig auf den Kastanienbaum vor dem Gerichtssaal. «Schaugn S', de Nas'n de is ja unverkennbar, da taat i 'n unter tausend wieder rausfinden, Herr Richter!» schließt der Zeuge Hierl.

«De Nas'n sagt gar nix», wirft der Angeklagte unwirsch ein, «des is, wia ma so sagt, a typische

Zwergnas'n. Aber de Fiaß müssen S' o'schaugn, Herr Richter! Wenn i Eahna Aufmerksamkeit auf 'n rechten Fuaß lenken derf, des is ja direkt elegant, wia der sein Fuaß außabiagt. Was moana S', wie lang daß i da rumgrennt bin, bis i aggrat a so an Zwerg g'funden hab. Naa, da gibt's koan Zweifi net, des is mei Gartenzwerg und des bleibt er, so wahr i Hieronymus Scheierl hoaß!»

Der Richter findet zwar, daß sich der fragliche Gartenzwerg nicht von anderen Exemplaren seiner Gattung unterscheidet. Aber mit dieser Meinung hält er lieber zurück, denn er weiß, zu welcher Leidenschaft sich Besitzer von Gartenzwergen aufschwingen können. Er bringt die Beweisaufnahme wieder in Fluß. «Woher wissen Sie denn überhaupt, Herr Hierl, daß der Angeklagte Ihren Gartenzwerg entwendet hat?» wendet er sich an den Zeugen.

«Ganz einfach, Herr Amtsrichter», erwidert Sebastian. «Wia i am Samstag fruah in mein Garten geh und d' Bluma gießn wui, siech i glei, daß mei Zwerg weg is. Ich schrei meiner Frau, kimm außa, schrei i, Walli, der Laurin is weg!»

«Da siecht ma ja glei, daß der da net sei Gartenzwerg sei ko», mischt sich Hieronymus in die Vernehmung, «weil der meinige Rumpelstilzchen hoaßt.» Der Richter blickt hilfesuchend gen Himmel und fordert den Zeugen auf, im Bericht fortzufahren.

«No ja, nacha hamma halt an Laurin g'suacht», nimmt dieser den Faden wieder auf. «Zwoa Straßen weiter samma am Garten vom Scheierl hikemma – und was sehgn ma? An Laurin im Stoagartl. Mir ham an glei kennt, aber der Herr Scheierl, der wo grad Bluma g'schnitten hat, hat's durchaus net zuagebn wolln, und da hamma 'n halt ozoagn miassen.»

«Die Zeugin Hierl bitte», sagt der Amtsrichter. Walli hat ihren großen Auftritt. Zuerst beäugt sie den Gartenzwerg von allen Seiten und plötzlich schlägt sie sich gegen die Stirn. «Daß i net glei draufkemma bin, Herr Richtet! Jetzt fallt's ma ei. Wia ma den Laurin kafft ham, da hamma eahm unter sein rechten Fuaß a Herzerl g'malt, weil ma uns denkt ham, vielleicht derwisch ma noch an weiblichen Gartenzwerg, und na hätt ma a Paarl. Des Herzerl muaß no da sei.»

In der Tat, der Richter findet das Herzchen unter der rechten Fußsohle. Hieronymus, zur Wahrheit ermahnt, schluckt ein paarmal und ringt sich dann zu einem Geständnis durch. Einige Tage vor dem Ereignis, so sagt er, habe man ihm seinen eigenen Gartenzwerg gestohlen. Und als er, wiederum einige Tage später, aus der Stadt über die Wiese heimwärts gewandert sei, was lag da dort, blau und grün im Grase? Ein Gartenzwerg. Lausbuben mußten ihn aus einem Garten entfernt und dann fortgeworfen haben. Hieronymus nahm sich des Verlassenen an. «Wissen S', Herr Richter, wenn ma halt amal a Leidenschaft für Gartenzwerge hat, des is schlimmer wia Rauschgift», schließt er entschuldigend.

Es gibt, da das Gericht dem Hieronymus seine Geschichte glaubt, eine geringe Geldstrafe wegen Fundunterschlagung. «Ausgerechnet mir hätten unseren Laurin nimma kenna solln», sagt Sebastian, als er seinen Gartenzwerg in das vorsorglich mitgebrachte Packpapier wickelt.

THADDÄUS TROLL

Wie Pater Basil den Regenwurm züchtete

Es ist an der Zeit, eines zu Unrecht vergessenen Mannes zu gedenken, der sich hohe Verdienste um den heimischen Gartenbau erworben hat. Es ist der 1595 als Sohn eines Bauern zu Winterstettenstadt in Oberschwaben geborene Alfons Schnürle, in dem sich, typisch schwäbisch, widersprechende Eigenschaften vereinten: aufmüpfiger Protest, in den Erblanden des Bauernschlächters Graf Georg von Waldburg zu leben, neben einem friedfertigen

Gemüt, das sich am wohlsten in zurückgezogener Beschaulichkeit fühlte; Hang zur Bodenständigkeit neben dem Drang, die Welt zu erfahren und zu verbessern. So war Alfons Schnürle geradezu für ein Leben als Prämonstratensermönch vorbestimmt. Unter dem Klosternamen Pater Basil trat er 1614 in das Kloster Schussenried ein und hatte das Glück, daß dort der durch seine Flugversuche berühmt gewordene Prior Mohr sich seiner annahm. Pater Basil interessierte sich vor allem für angewandte Zoologie und Botanik und betreute bald den Klostergarten und den Hühnerstall. Beim kritischen Beobachten der nach Würmernahrung suchenden Hennen stellte er zu seinem Leidwesen fest, daß der in Württemberg heimische Bodenwurm *Eisenio foetida* «ein schleckig Leckermaul» sei, weil er nur in Komposthaufen und feuchter Gartenerde lebte, statt den Lößboden zu bearbeiten, «selbiger Letten Durchlüftung und Durchmischung durch den Wurm so bitter nötig hätt». Alle Versuche, den Mistwurm auf Lößboden umzusiedeln, schlugen zu Pater Basils Verdruß fehl. Als 1623 die «Congregatio de propaganda fide» in Rom gegründet und das Kloster Schussenried aufgefordert wurde, einen oder mehrere Patres zu Missionszwecken den Benediktinern zu überstellen, bot Prior Mohr, der die Fähigkeit Basils zum Wanderapostolat früh erkannt hatte, diesem diese Berufung an, der so drei Jahre zur Mission nach

Westafrika kam. Auch dort widmete er sich neben der Heidenerweckung der Bodenkultur, lehrte die Eingeborenen den Anbau von Feldfrüchten und oblag aber auch seinen Studien über dortige Bodenwürmer, zumal diese durch ihre natürliche Wehrlosigkeit und absolute Friedfertigkeit dem Naturell des Forschers verwandt waren. Dieser stieß dabei zu seinem Erstaunen auf den *Megascolides enormis*, der eine Länge zwischen einem und drei Metern erreicht. Seine Freude an der Missionsarbeit war indessen so groß, daß er in Afrika geblieben wäre, wäre nicht der Ehrgeiz, den Riesenwurm im Schwabenland zu beheimaten und ihn auf die Penetrierung harten und kargen Bodens anzusetzen, stärker gewesen. So kehrte er 1626 in sein Heimatkloster zurück, dessen Prior, sein Gönner, allerdings ein Jahr zuvor gestorben war. Als einziges Gepäck brachte er einen mit feuchtem Laub angefüllten Beutel mit, in dem zwanzig Exemplare des afrikanischen Riesenwurms westen, deren größter eine Länge von «schiergar zehn wirttembergisch Fuß» (2,386 m) erreichte.

Pater Basil war nicht der erste Klosterinsasse, der sich mit Ringelwürmern befaßte. Durch Aristoteles angeregt, der sie als «Eingeweide der Erde» bezeichnete, verfaßte schon die im 15. Jahrhundert lebende englische Benediktinernonne Juliana Berners eine frühe, sehr klare Anweisung, wie man Angelwürmer findet und benützt. Pater

Basil indessen war seiner Zeit in der Wurmforschung weit voraus. Denn der britische Naturforscher Gilbert White schrieb erst hundert Jahre später: «Ohne sie würde die Erde bald kalt, hart und fest ohne jede Gare und folglich steril werden.» Und der große Charles Darwin hat erst 1881 seine berühmten Untersuchungen zur «Bildung von Humus durch die Tätigkeit von Würmern» veröffentlicht und nachgewiesen, daß die Lumbriziden vermodernde Pflanzenteile, die mit Erde vermischt ihren Darm durchlaufen, in Humus verwandeln und die Durchatmung, Durchlüftung, Durchwärmung und natürliche Düngung vornehmen. Darwin schreibt: «Es ist zweifelhaft, ob es noch andere Tiere gibt, die in der Geschichte der Erde eine so große Rolle gespielt haben wie diese niedrigen organischen Geschöpfe.» Und er schließt: «Der Pflug ist eine der ältesten und wichtigsten menschlichen Erfindungen. Aber lange bevor es den Pflug gegeben hat, ist das Land bereits regelmäßig gepflügt worden, und zwar von den Bodenwürmern, und so wird es auch heute noch von ihnen gepflügt.»

Pater Basil wußte das nicht, aber er ahnte es. Er war zunächst um die Vermehrung seiner exotischen Mitbringsel bemüht und glaubte, wie es heute noch Laien tun, ein Ringelwurm, den der Spaten in zwei Teile teile, könne nun zweifach leben. In Wirklichkeit bedeutet für den Bodenwurm der Verlust von mehr als sechzehn Ringen das Todesurteil. So verringerte sich der Bestand an Würmern, zumal seine Mitbrüder seine Megascoliden als «garstig Wurmschlang» bezeichneten und ihnen als Nachkömmlingen der teuflischen Schlange aus dem Paradies, die am Sündenfall schuldig war, nach dem Leben trachteten. Der fromme Pater hatte das instinktive Gefühl, ein weibliches Wesen, in dessen natürlicher Bestimmung es liege, Leben zu erhalten und zu mehren, könne ihm in seiner Not besser helfen als jeder seiner Mitbrüder. Da aber schon im Jahr 1140 den Prämonstratenserinnen, einem beschaulichen Frauenorden, der sich ursprünglich mit Vorliebe in Doppelklöstern neben den Herrenkonventen niederließ, solche Nachbarschaft verboten worden war, war Pater Basil auf weltlichen Rat angewiesen. Er fand ihn in der Jungfer Regula Regner aus Hopferbach, die indessen eher eine Abneigung gegen die Klosterinsassen hatte, da ihr Urgroßvater nach der Plünderung des Klosters 1525 von ihnen aufs Rad geflochten worden war. Dennoch vermochte Pater Basil bei der Dienstmagd das Interesse für seine Experimente zu wecken. Die Jungfer fand bald heraus, daß die Würmer Zwitter waren, daß der Sattel auf ihrem Rücken der Fortpflanzung diene und daß sie sich zwecks Vornahme derselben Sattel an Sattel mit den Köpfen in umgekehrter Richtung eng aneinander schmiegten. Sie versuchte dieses echte Anliegen auch zwischen Mistwurm und Riesenwurm künstlich herzustellen und hatte Erfolg. Die Kreuzung gelang. Aus den in der Länge so verschiedenen Tieren entwickelte sich der gemeine Regenwurm *Lumbricus terrestris*, dem im Gegensatz zum Mistwurm der ausgetrocknete Lehmboden für seine Arbeit und Nahrung zugleich nicht zu gering war.

Pater Basil nannte ihn «reger Wurm», nicht etwa seiner Mitarbeiterin Regula Regner zu Ehren, sondern nach seinem Lieblingschoral, dem damals viel gesungenen Kirchenlied «die seel wird itzund rege». Der Volksmund verballhornte allerdings diesen regen Wurm zum Regenwurm, eine arg sinnlose Bezeichnung, da der Wurm ja durch den Regen ans für ihn tödliche Tageslicht getrieben wird, das seine roten Blutzellen zersetzt. Aber durch Goethe ist die falsche Bezeichnung in die Literatur eingeführt worden, wenn Faust verächtlich von Wagner gleichnishaft sagt, daß dieser «mit gieriger Hand nach Schätzen gräbt und froh ist, wenn er Regenwürmer findet».

So segensreich der Regenwurm für die Güter des Klosters Schussenried war, so tragisch sollte er für die werden, die ihn gezüchtet hatten. Denn der Erfahrungsaustausch auf dem Vermehrungssektor hatte auch persönliche Folgen. Das echte Anliegen fand auch zwischen dem Forscherpaar statt, allerdings nicht mit voneinander abgewendeten Köpfen, und innerhalb der kurzen Zeit von fünf Jahren schenkte, wie es im Roten Buch des Klosters heißt, «die Jungfer Regner dem Bruder Basil drei Büblin und zween Metzen». Damit war Bruder Basil für das Klosterleben nicht mehr tragbar, der Abt entband ihn von den Gelübden unter der Bedingung, daß er «hinförderst des Umgangs mit dem Gewürm entsage und dem Kloster selbiges zum beliebigen Nutznieß hinterlasse», und entließ ihn aus dem geistlichen Stand. Die Theorie zeitgenössischer Theologen, die Jungfer habe sich durch die Verführung des Paters lediglich für die Hinrichtung ihres Urgroßvaters von geistlicher Hand rächen wollen, ist jedoch nicht haltbar. Bruder Basil, jetzt wieder Alfons Schnürle, heiratete nämlich die Regula Regner, und sie wanderten mit ihren Kindern, denen zweifellos noch weitere folgten, nach Westafrika aus, dorthin, wo der Pater vor Jahren missionarisch tätig war. Ihre Spur allerdings blieb verschollen.

Dem Kloster Schussenried aber und dem ganzen katholischen Schwaben gereichte der Regenwurm zu großem Gewinn. Da nach dem Augsburger Religionsfrieden 1555 der Grundsatz galt: «Cuius regio eius religio», zu deutsch: «Der Grundherr bestimmt das Glaubensbekenntnis seiner Untertanen», schwäbisch: «Wia dr Herr, so 's Gscherr», wurden Zuchtstämme von Regenwürmern nur an katholische Herrschaftsgebiete abgegeben. So findet die Feststellung des ehemaligen Landrats Walter Münch aus Wangen ihre leichte Erklärung: «Katholisch ist man überall dort, wo der Humus tiefer als zwanzig Zentimeter ist.» Dies liegt an der Arbeit des Regenwurms, der fähig ist, sich auf 1 1/4 Tonnen Wurmgewicht pro Hektar zu vermehren und jährlich 25 Tonnen Humus zu schaffen. Gelingt es, pro Hektar 7,5 Tonnen Regenwürmer zu kultivieren, so steigert sich der Ernteertrag um 200 Prozent.

KARL FOERSTER

Kindergarten – Gartenkinder

An einer reizenden, geborgenen Stelle des großen Sternwartengartens lagen unsere Kindergärten, mit Buchsbaumwegen oder Himbeerhecken gegeneinander abgegrenzt. Unsere Mutter bedachte, daß Kinder am schnellsten in Gartenleidenschaft geraten durch die Mitwirkung von Eigentumsgefühl, Verantwortung und Wetteifer. Alle drei mündeten natürlich in Schenkfreude. Als Zünder für das Eigentumsglück in jedem Gärtchen, das gegen die anderen ein wenig eingefriedet war, hatte sie uns je einen kleinen Schuppen mit Vorlegeschloß zum Aufbewahren der Geräte und Sämereien und zum Spielen beim Regen setzen lassen. Flachreliefs der Tages- und Jahreszeiten hingen über den Bänkchen. Sie regte jeden von uns an, möglichst andere Dinge zu pflanzen und zu säen als die Geschwister, und schien mit jedem von uns in einem Geheimbund.

Die Gärtchen trugen viel dazu bei, uns verwundert fühlen zu lassen, wie verschieden wir alle waren. Jetzt nach Jahrzehnten wundern wir uns noch mehr darüber. Jedes von uns Kindern ärgerte sich oft über die Seltsamkeit des Nachbarn und dachte etwa: Was der für Passionen in seinem Garten hat – Hahnenkamm zieht er, die greuliche Pflanze! Aber die Mutter sagte: «Je verschiedener ihr seid, desto besser könnt ihr einander helfen, wenn ihr groß seid.»

Schon morgens vor der Schule stürmten wir immer gleich zu unseren Gärtchen hinaus, um zu sehen, ob die Pflanzen wieder größer geworden waren. Solche Stärke und Nachhaltigkeit der Leidenschaft für Garten und Pflanze, die sich in Kindern schon vom sechsten Jahre an einzunisten vermag, um nie wieder zu vergehen, kann von Erwachsenen ohne eigene Kindheits-Gartenerlebnisse kaum geahnt werden.

Wenn wir mit den Eltern während der großen Sommerferien verreist waren, konnten wir es in der letzten Woche kaum erwarten, wie wohl unsere Gärtchen bei der Rückkehr aussehen würden. Nach der Ankunft rannten wir gleich hinüber, ohne erst ins Haus zu gehen. Einmal kamen wir im Dunkeln an, aber die Mutter gab uns Streichhölzer, mit denen wir überall in den Beeten herumfunkelten und zwischen riesig gewordenen Rhizinusstauden und großen Gladiolenspeeren herumstaunten.

Schade um jede im eigenen Kindheitsgärtchen nicht erlebte Blütenpflanze; denn diese Kindheitsgefühle leben unbegrenzt weiter und liefern mitbauende Kräfte an der Glücksbeziehung zu jener Pflanzenart und ihrem Veredelungsfortgang. – Und an jeder Blume von damals hängt für immer ein Duft der Liebe.

Wie oft gab es großen Wettlauf, neue schöne Sachen aus den Gärtchen, die eben aufgeblüht oder reif geworden waren, schnell der Mutter zu bringen. Sie lachte schon von ferne, wenn wir angejagt kamen. Schönste Belohnung war, daß sie uns ein kleines Ölbild der Erzeugnisse malte.

Unsere ältere Schwester hatte eine viel schönere Schwertlilienstaude als wir, in der sich ihre Überlegenheit strahlend verkörperte. Einst fand sie den schönsten Stiel kurz abgeknickt im Grase liegen. Doch die Mutter malte ihr zu durchgreifendem Troste ein Bildchen der Blume.

CONRAD FERDINAND MEYER

Der Lieblingsbaum

Den ich pflanzte, junger Baum,
Dessen Wuchs mich freute,
Zähl ich deine Lenze, kaum
Sind es zwanzig heute.

Oft im Geist ergötzt es mich,
Über mir im Blauen,
Schlankes Astgebilde, dich
Mächtig auszubauen.

Lichtdurchwirkten Schatten nur
Legst du auf die Matten,
Eh du dunkel deckst die Flur,
Bin ich selbst ein Schatten.

BEVERLEY NICHOLS

Das Treibhaus

Ich kann mich nicht der Zeit erinnern, in der meine Familie nicht arm war. Sie hatte früher einmal Geld, aber das meiste davon ging im Krieg verloren, und nachdem mein Vater meine Brüder und mich nach Oxford geschickt hatte, blieb ihm nicht mehr viel übrig. Wir hatten ein Haus in Devonshire, das jetzt in ein Hotel verwandelt worden ist, und der Garten dort war bezaubernd ... es stehen einige der herrlichsten Bäume darin, die es in ganz England gibt. Aber wir konnten uns nur einen Gärtner leisten, und er hatte vollauf zu tun, um bloß den Rasen in Ordnung zu halten.

«Warum haben wir nicht ein Treibhaus, so wie die G.s, damit wir auch Weintrauben ziehen können?» Ich erinnere mich deutlich, wie ich als Kind diese Frage an meine Mutter richtete. Sie schüttelte den Kopf und sagte, daß Treibhäuser sehr kostspielig seien. Diese Antwort machte einen tiefen Eindruck auf mich. Ich wurde nie den Gedanken los, daß ein Treibhaus Tausende kostete – daß nur ein Millionär sich so etwas leisten könne.

Und doch besitze ich heute ein Treibhaus und bin kein Millionär!

Ich muß meine Erzählung einen Augenblick unterbrechen, um nachzudenken. Mir scheint, ich unterbreche sie sehr oft ... aber ich habe die Entschuldigung, daß das ganze Buch eigentlich nur ein Schlendern durch einen Garten ist, eine gemütliche Pilgerfahrt. An dieser Stelle möchte ich die seltsame Tatsache erwähnen, daß Eindrücke, die man in der Kindheit über Geldfragen bekommt, niemals ganz verschwinden. Wenn einem als Kind etwas als Luxus erschienen ist, dann bleibt es das ganze Leben ein Luxus.

Daher kommt es, daß mein kleines Treibhaus – obgleich es nicht so viel kostet wie mein jährlicher Klubbeitrag – mich noch immer mit einem leisen Gefühl der Sorge erfüllt. Ich gehe an frostigen Vormittagen hinaus in den Garten und sehe die blasse dünne Rauchspirale, die vom Schornstein aufsteigt, betrete das Treibhaus und atme die milde, wohlriechende Luft ein ... und zittere über meinen Leichtsinn. «Das ist ein furchtbarer Leichtsinn ... das ist unerhörte Verschwendung ...», sagt mir mein Unterbewußtsein. Es nützt nichts, daß mein Oberbewußtsein mich zu beruhigen sucht durch die einfache Überlegung, daß die Kosten des Treibhauses für das ganze Jahr nicht so hoch sind wie ein einziges Mittagessen im Savoy. Das Gefühl der Angst bleibt trotzdem bestehen. Ich habe die Empfindung, als hätte ich mir eine Yacht angeschafft mit einer großen Mannschaft und einer grauenhaften Rechnung, die jede Woche beglichen werden muß. Und alles nur, weil mir meine Mutter vor vielen Jahren einmal sagte, daß «Treibhäuser sehr kostspielig» seien.

Aber es lohnt sich doch. Ja, das kleine Treibhaus mit seinem kleinen Ofen und seiner einzigen Reihe Dampfröhren würde sich lohnen, und wenn sein Unterhalt meinen wirtschaftlichen Ruin bedeutete!

In das Treibhaus zu gehen, wenn es draußen stürmt, die Türen zu schließen, stehenzubleiben und auf den Wind draußen zu horchen, auf den Regen, der gegen das schwache Dach peitscht, durch die beschlagenen Fensterscheiben die schwarzen, sturmgepeitschten Zweige der fernen Ulmen zu sehen und tief den seltsamen und fast unheimlichen Frieden einzuatmen, den dieses schwache kleine Gebäude ausströmt, ist für mich eine der innerlichsten, echtesten Freuden, die das Leben einem zu geben vermag.

Man hat das Gefühl der Befreiung – der Zuflucht in ein Heiligtum. Denn hier ist man gefeit. Hier hinein kann kein schneidender Wind, kein Frost dringen. Ich möchte sogar, der Sturm draußen würde noch stärker, der Wind tobte noch heftiger, der Regen verwandelte sich in Hagel und schlüge einen teuflischen Trommelwirbel auf dem Glasdach. Um so süßer wäre dann das seltsame Gefühl des Geborgenseins in meinem Treibhaus.

Hört zu! Tausend stürmische Echos klingen draußen. Stöhnen im Wald, Zischen in der nahen Hecke. Wie die ungleichmäßigen Schläge einer grausamen Peitsche wirft sich der Regen gegen die Scheiben, die bald ganz blind, bald völlig reingewaschen sind, so daß man einen Blick in den gequälten Garten bekommt. Und dazwischen klingt immer das erregte hohe Glucksen des Wassers, das durch die Dachtraufen in die untenstehenden leeren Bottiche fließt. Aber wirklich... die Geräusche sind alle nichts... sie haben keinen Anteil am Weltall, solange man im Treibhaus bleibt. Im Treibhaus ist Vernunft, Ruhe, und diese Geräusche sind krankhafte Vorstellungen eines verstörten Gemüts. Hier herrscht Stille und Schweigen.

Schweigen. Aber kein völliges. Denn wenn man den Atem anhält, kann man die Pflanzen wachsen hören...

Als ich zum ersten Mal nach Wegscheide kam, hatte ich noch kein großes Interesse für Treibhäuser. Es gab noch so viele Dinge draußen, die meine Aufmerksamkeit in Anspruch nahmen. Darum haben wir im ersten Winter nicht einmal den Ofen darin angezündet.

Erst im zweiten Winter, als ich anfing, mich für Winterblumen zu begeistern, begannen die Möglichkeiten, die ein Treibhaus bietet, mich zu interessieren. In den Katalogen der Sämereien entdeckte ich, daß es viele Sommerblumen gibt, die man im Winter zum Blühen bringen kann, wenn man sie im Herbst sät, beim ersten Frost ins Treibhaus stellt und während der dunklen Monate in einer milden Temperatur hält.

So wurden diese anfänglichen Experimente mit einfachen, widerstandsfähigen Blumen gemacht... mit Vergißmeinnicht, Schlitzblumen, Nemesia und Wicken. Außer den Wicken gedieh alles ausgezeichnet. Die Temperatur durfte nie unter vierzig Grad Fahrenheit sein. Die Schlitzblumen blühten zuerst. Ich werde nie vergessen, mit welchem Stolz ich diese orchideenartigen Blumen Mitte Januar nach London brachte. Ungefähr drei Wochen darauf waren die Vergißmeinnicht soweit. Ich hatte sie in flache irdene Schalen gesät. Noch nie habe ich so tiefblaue Vergißmeinnicht gesehen. Die Nemesia kam ziemlich spät. Die Wicken waren leider ein völliges Fiasko. Drei Jahre hintereinander habe ich es mit ihnen versucht, aber niemals habe ich mehr als ein halbes Dutzend Blüten erreicht. Vielleicht mißhandelte ich sie auf irgendeine geheimnisvolle Weise, ohne es zu ahnen. Ich weiß aber tatsächlich nicht, wie. Ich säe sie immer zur richtigen Zeit in richtige Erde und führe die Instruktionen so gewissenhaft aus wie eine besorgte Mutter, die ihrem Kind den ersten Löffel Lebertran eingibt. Aber es geschieht trotzdem nie etwas.

Im dritten Jahr begann ich, meine Treibhausmanie wirklich ernst zu nehmen. Zum Beispiel bekam ich eine Alpenveilchenmanie. Bis dahin hatte ich nur mit dem *Cyclamen coum* experimentiert, jener kostspieligen, im Freien wachsenden Sorte, die aus der Türkei kommt und, während der Schnee noch auf der Erde liegt, winzige weinrote Blüten hervorbringt. Ich hatte noch nicht die großen Treibhaussorten ausprobiert. Nun beschloß ich zu versuchen, sie von Samen zu ziehen.

Wenn der Leser Gärtner von Beruf ist, hat er das Recht, jetzt vor Wut zu schnauben, das Buch fortzuwerfen und zu sagen: «So eine Frechheit! Der Kerl wagt über eine derartige einfache Sache zu schreiben und so zu tun, als ob es ein Wunder wäre, Alpenveilchen von Samen zu ziehen! Nichts einfacher, wenn ...»

Nun gut. Meinetwegen. Ich halte es aber noch immer für erstaunlich. Wenn ich das Alpenveilchen auf meinem Schreibtisch betrachte, mit seinen Blütenblättchen von zartester Elfenbeinfarbe ... ein Alpenveilchen, das so aussieht wie eine Schmetterlingsschar, die während eines einzigen köstlichen Augenblicks im weißen Herzen der Zeit erstarrt ist ... dann versuche ich den Vorgang zurückzuverfolgen, von den Blüten bis zur Knospe, von der Knospe zum jungen, noch krausen Stengel, vom Stengel zum ersten fächerförmigen Blättchen und von jenem Blättchen zum winzigen Samen. Ich kann es kaum begreifen. Hier in den Fältchen der Blüte sind Äderchen, durch die das kalte, süße Blut fließt ... hier ist ein Stengel, der sich rasch und stolz erhebt, ein Blatt von zartester, phantastischster Form. Das Ganze ist ein Gedicht – das den steifen Rhythmus des Sonetts mit dem überstürzten Tempo einer Ode von Francis Thompson in sich vereint.

Ein Wort der Warnung muß jedoch allen denen

gesagt werden, die zum ersten Male Alpenveilchen von Samen ziehen. Auf dem Päckchen steht, daß der Samen nach vier bis sechs Wochen «keimen» wird. Das ist eine fürchterliche Lüge. Man kann natürlich sagen, daß der Samenhändler mit «keimen» irgendeinen dunklen Vorgang in den Tiefen der Erde meint. Ist dies der Fall, so ist der Samenhändler entschuldigt. Aber ich verstehe unter «keimen» etwas, was man tatsächlich sehen kann... ein richtiges Alpenveilchenblatt, das durch das Erdreich stößt. Meine eigene etwa dreijährige Erfahrung hat mich gelehrt, daß man mindestens mit drei, gewöhnlich vier Monaten nach dem Säen rechnen muß, bevor das Alpenveilchen zu sprießen beginnt.

Die ermunternden und optimistischen Prophezeiungen auf dem Samenpäckchen verursachen dem Käufer stets wochenlanges Hangen und Bangen. Als ich zum ersten Male Alpenveilchen säte, begann ich schon gegen Ende des ersten Monats mit großer Sorge die Saatkästen zu beobachten. Alle möglichen Dinge geschahen darin. Sonderbar behaarte Blättchen sprossen hervor, streckten mir die Zunge aus und verschwanden wieder über Nacht. Waren das die Alpenveilchen? Zum Teufel! Warum wußte man das nicht? Majestätische grüne Speere zeigten sich, sahen ganz entzückend aus, hatten aber keine Ähnlichkeit mit Alpenveilchen. Waren es aber vielleicht trotzdem Alpenveilchen?

Und wenn nicht, müßte man sie nicht herausreißen? Zum Kuckuck noch mal! Warum war niemand da, der es einem sagen konnte?

Am Ende der nächsten Woche, als die Saatkästen eine erstaunliche Auswahl von Trieben zeigten, war ich der Verzweiflung nahe. Ich will nicht undankbar gegen diese Triebe sein. Es war sehr nett von ihnen, herauszukommen. Aber da keiner von ihnen den Anspruch erheben konnte, ein Alpenveilchenkind zu sein, war meine Dankbarkeit nicht ganz aufrichtig.

Am Ende der zehnten Woche ging ich mit leisem Hohnlächeln an den Saatkästen vorbei. Ich versuchte, mir einen Haß gegen alle Alpenveilchen einzureden. «Es sind doch ganz ordinäre Pflanzen», murmelte ich vor mich hin. «Zu protzig! Sie erinnern einen an Schleifen und Bändchen, an furchtbare, strohbeflochtene Blumentöpfe und an heiße Hoteldielen. An lästige Frauen, die in Etagenwohnungen leben, elektrische Öfen haben, ständig an Verdauungsstörungen leiden und ein schnarchendes Pekinesenhündchen besitzen.»

Dann aber ... an einem naßkalten Tag, als ich der Verzweiflung nahe war, und die ganze Welt feucht und kalt schien – als der Tag lustlos dämmerte, und der Abend düster herangeschlürft kam, wie ein Leichendiener, der erscheint, ehe der letzte Atemzug ausgehaucht ist, ging ich in das ersterbende Licht hinaus, und dort im Saatkästchen fand ich, daß die Alpenveilchen zu leben begonnen hatten! Durch die dunkle Erde hatten sich winzige, zarte aber lebenskräftige Blätter hindurchgedrängt. Ja, das waren zweifellos die Alpenveilchen, zweifellos. Sie hielten tapfer stand gegen die schleichenden Unkräuter ... es lag eine feine Vornehmheit über ihnen, die sie von den wuchernden Eindringlingen trennte. Als ich mich über sie beugte, blickten sie mich ernst an, als ob sie sagen wollten: «Nun, hat es sich nicht gelohnt, auf uns zu warten?»

Nach der Alpenveilchenmanie verfiel ich dem Zauber der zigeunerhaften, wilden Schönheit der Cineraria, der Aschenpflanze. Sie hat die Farbe der Zigeunerkopftücher, und ihre leuchtenden Blüten, in deren Kelchen ein Schimmer liegt, erinnern an die Sonne in den Augen der Zigeuner. Ich wußte nicht, wie wunderschön Aschenpflanzen sein können, bevor ich sie auf Malta im Freien hatte wachsen sehen. Es war April, ich war von England ausgerückt, um nach einem bißchen Sonnenschein zu suchen, und hatte den verhängnisvollen Fehler begangen, mir einzubilden, daß es um so sonniger sein müsse, je weiter man nach Süden ginge. Da ich an der Riviera keine Sonne fand, reiste ich nach Algier, das mich an Manchester im November erinnerte ... Ich blieb einen Tag in Algier und schiffte mich dann nach Sizilien ein.

Unterwegs hielten wir in Malta. Endlich hatte ich Sonnenschein, aber selbst wenn er auch nicht da gewesen wäre, hätte es mir nichts ausgemacht, da ich hier die Aschenpflanzen fand, die die ganzen Abhänge in ein Flammenmeer verwandelten. Ihres Samens wegen pflückte ich einige von den abgeblühten Blumen und nahm sie mit nach England. Sie akklimatisierten sich so wunderbar, daß mich meine Aschenpflanzen im nächsten Jahr gar nichts kosteten, und ihre Farben schienen um so lustiger, weil sie nicht aus einem Päckchen stammten, sondern von den heißen duftenden Beeten eines Gartens im Süden.

Ich möchte hier eine Bemerkung machen über die Gewohnheit, Samen und Pflanzen aus dem Ausland mitzubringen. Gelingt das Experiment, dann ist man entzückt, aber ich habe in dieser Beziehung bittere Erfahrungen gemacht. In Sizilien zum Beispiel nahm ich von den braunen Abhängen Unmengen reizender kleiner Pflanzen mit den Wurzeln: Sonnenröschen, Flachs, Anemonen, wilde Alpenveilchen, Boretsch und einige seltsame blaßgelbe Margueriten. Ich konnte die Zeit kaum erwarten, um sie mit heißen Wünschen für ihr Gedeihen in die kühle englische Erde zu pflanzen. Aber bis dahin hatten sie noch viele Prüfungen zu ertragen.

Für diese Pflanzen war die Heimreise eine einzige Qual. Ich hatte versucht, die Wurzeln sauber zu waschen, aber es schien, als ob sie die Fähigkeit besaßen, Erde aus ihrem eigenen Innern abzusondern, und sie zeigten eine auffallende Vorliebe, meine Oberhemden als Ablagerungsstätte dafür zu benutzen. Eine Zeitlang probierte ich es, sie in einem mit Wasser gefüllten Marmeladenglas zu transportieren, aber bald gab ich diese Methode auf, weil sie mehrere Male zu Szenen auf den Stationen führte. Zärtliche Mütter, die sich einbildeten, daß ich Fische, Schnecken oder gar Eidechsen in den Gläsern hatte, verlangten stürmisch, daß ich sie ihren Kindern zeigte, und wenn ich das ablehnte mit der Versicherung, es seien keine Fische darin, nicht einmal eine einsame Elritze, sondern nur Pflanzen, warfen sie den Kopf zurück und durchbohrten mich mit mißtrauischen Blicken.

Doch mit den Zollbeamten hatte ich die meisten Scherereien. Wir sind nie ganz auf der Höhe, wenn wir mitten in der Nacht von einem großen Mann mit einem weißen Schnurrbart geweckt werden, der eine Menge Dinge in unserem Gepäck entdeckt, die wie feuchte, in alte Pyjamas eingewickelte Kohlstrünke aussehen, und die er uns vor die Nase hält, während er in grobem Ton fragt, was das sei. Was sie sind? Man weiß es nicht. Es wäre herrlich, wenn man es wüßte. Kräuter? Zu essen? Nein, nein!

CLAUDINE

Letzte Süßigkeiten

Ich denke nicht an die Äpfel, weil wir sie als etwas Selbstverständliches betrachten, etwa wie ein altbekanntes Haushaltungsgerät – obwohl es mich jedes Jahr von neuem entzückt, wenn sie sich rot färben und so leuchtend im Gezweig hängen wie sonst nur in Märchenbüchern.

Ich denke an die letzten Maiskolben, die ich gestern aß, mit viel Butter und ein bißchen Wehmut bestrichen, weil es so lange dauern wird, bis ich diesen Genuß von neuem kosten werde. Diese letzten waren von besonderer Süße, es war die weiße Sorte, der ich die Krone zuspreche. Die gelbe wird, so zart sie als junges Kölbchen ist, mit zunehmender Reife leicht etwas mehlig. Übrigens hörte ich, daß es noch eine dritte und beste, mir aber unbekannte Sorte gibt: den blauen Mais. Jedenfalls ist es ein so leicht und einfach zu erreichender Genuß, daß Mais in keinem Garten fehlen sollte. Ich pflanze ihn meist in eine Ecke meines Blumengartens, dort, wo er viel Sonne bekommt, und kümmere mich nicht darum, ob sein Anblick stilvoll ist.

Drei Körner Anfang Mai in ein halbfingertiefes Loch gesteckt – dann keimen sie oft schon nach einer Woche. Sind die Pflänzchen 20 cm hoch, zieht man schweren Herzens das armseligste heraus und wirft es weg. Versetzen hat wenig Sinn. Dann braucht man nur noch die Erde um den Stamm zu häufeln, alles andere besorgt die Güte der Natur.

Die zweite Süßigkeit ist ein Strauß auf meinem Tisch, ein Strauß aus lavendelblauen Zweigen, der jedem, der ihn sieht, einen Ausruf des Erstaunens entlockt: «Flieder! Um diese Jahreszeit?» Aber es ist kein Flieder, es sind die fliederähnlichen Blüten eines Zierstrauches, den ich einer Englandreise verdanke. Dort entdeckte ich den *Ceanothus*, dessen tiefblaue Dolden wunderschön an altersgrauen Mauern emporrankten. Kaum heimgekehrt, bestürmte ich meine Gärtnerin, mir diese Pflanze zu verschaffen. Sie brachte sie mir auch unverzüglich, aber leider war es kein kletternder, sondern ein strauchartiger Ceanothus. Auch sehen seine feingebüschelten Blüten ein wenig verblichener aus als die seines englischen Vetters. Von selten poetischer Schönheit ist er trotzdem, eine große Bereicherung des Gartens, um so mehr, als der zierliche Strauch gleich zweimal blüht, im Frühling zuerst und jetzt im späten Herbst. Und nicht zu vergessen: der süße Duft, der den Blüten entströmt. Er scheint sich in meiner Erde recht wohl zu fühlen, die doch wahrhaftig keine besonderen Qualitäten aufweist. Darum empfehle ich ihn, wie man nur einen seltenen Fund empfehlen kann. Sein tiefblauer Vetter würde unseren Winter nicht überstehen; aber auch der bei uns heimische, obwohl weniger empfindlich, ist dankbar für einen Schutzmantel gegen eisige Winde. Als Solitärstrauch an einem besonnten Platz lebt er am liebsten. Vor dem Frühlingsaustrieb will er zurückgeschnitten werden.

Die dritte Süßigkeit sind meine Peperoni-(Pfeffer-)Pflanzen, die den Sommer über so kümmerlich im Regen standen, als wollten sie sagen: Das hast du nun davon, daß du dich erkühnst, mit südlichen Gewächsen zu experimentieren. Aber ist es nicht das Geheimnis aller wahren Leidenschaften, daß man nie zufrieden ist, immer aufs neue gereizt und getrieben, sich an beinahe Unmögliches zu wagen? So hatte ich die Samen frühzeitig in gute Erde gesät, sorgsam unter Glas geborgen, bis die Zeit zum Pikieren kam, die Sämlinge dann einzeln in kleine Töpfe versetzt, gehütet, gelüftet, betrachtet, also behandelt, wie man es nur mit Augäpfeln tut – und sie endlich im Mai, als keine Eisheiligen mehr drohten, auf mein sonnigstes Beet gepflanzt. Und nun sollten sie sich zu den reizend geformten, dunkelgrünen Büschchen entfalten, die ich anderswo bewundert hatte. Was aber taten sie? Sie blieben sitzen. Kümmerlich und trotzig rührten sie kein Blättchen, taten keinen Wank. Wenn sie wenigstens gleich eingegangen wären – keinen Gedanken hätte ich mehr an sie verschwendet. So waren sie ein ständiger Vorwurf.

Doch plötzlich, während ich ihnen vierzehn Tage den Rücken drehte, fingen sie an zu wachsen und haben sogar Früchte angesetzt. Zwar sind es Liliput-Peperoni, und der Gedanke, sie mit Reis füllen zu wollen, ist zum Lachen. Doch was tut's. Ihren Zweck haben sie voll und ganz erfüllt: mir Freude zu machen.

Die letzte Überraschung ist eine Blume mit Namen «Gilia», zum erstenmal bei mir zu Gast. Ich betrachte sie wie einen solchen, neugierig und entzückt, mit einer winzigen Spur von Bedenken: Hältst du wohl, was du versprichst? Im Samenkatalog wurde sie als «Halbstaude» bezeichnet, was immer das heißen mag. Ich nehme an und hoffe, daß es eine mindestens zweijährige Lebensdauer bedeute. Denn die *Gilia coronopifolia* ist ein ganz reizendes Gebilde. Lange Zeit blieben die Setzlinge nach dem Auspflanzen ins Freiland als runde, grüne, feinkrautige Büschel am Boden hocken wie kleine Nester; ich konsultierte nochmals die Beschreibung: «Feurig-Scharlach, Höhe 120 cm, vorzüglich zum Schnitt, äußerst dekorativ als Schmuckstaude.» Ein Meter zwanzig? War ich da wohl an eine Zwerggattung geraten? Aber, als hätten sie meine Zweifel gespürt, begannen die Pflanzen plötzlich und eilig in die Höhe zu schießen, die Nester entließen lange, schlanke, seltsam von gefiedertem Laub bedeckte Stiele mit vielen verheißungsvollen Nebenzweigen. Und erst jetzt, als kämen sie meiner Kurzsichtigkeit freundlicherweise entgegen, fingen sie an zu blühen. Das reinste Zauberspiel: von oben nach unten besäten sie sich plötzlich mit kleinen roten, innen winziggepunkteten Kelchen, nicht gerade feurig, aber doch in apartem, sanft leuchtendem Karminrot. Einige von ihnen sitzen noch auf der Erde und warten. Vielleicht, hoffentlich, auf den nächsten Sommer. Und darauf, daß ich sie anderen Blumenliebhabern anpreise. Was ich hiermit von ganzem Herzen tue.

Denn – alle altgewohnten, lieben Sommerblumen, Zinnien, Löwenmaul, Astern, Margeriten usw. in Ehren – geht nicht unsere ewige Sehnsucht danach, etwas Ungewöhnliches, etwas Neues, etwas ganz und gar Außergewöhnliches zu besitzen? Die freiwilligen Opfer an Mühe und Aufwand, mit denen wir diese Sehnsüchte bezahlen, lohnen sich nicht immer; manchmal jagen wir einem Phantom nach, fast wie einem ungetreuen Liebhaber, alle Weisheit in den Wind schlagend. Tröstlich ist nur, daß die Rückkehr zur Vernunft im Garten sehr viel einfacher ist als in der Liebe.

Kleiner Nachtrag: Die allerletzte Süßigkeit sind die sonniggelben Tupfen der Kapuzinerkresse, die ich den Sommer über, ärgerlich über ihre eitle

Ausbreitungssucht, am liebsten mit Stumpf und Stiel ausgerottet hätte. Jetzt sammle ich ihr Leuchten in einer niederen Schale und komme mir vor wie das Kind, das den gehäuften Kuchenteller schnell und gedankenlos verschlungen hat und mit den letzten Krümeln andächtig spielt.

QUELLENNACHWEIS

An dieser Stelle danken wir den Autoren und Verlagen, die uns freundlicherweise den Nachdruck folgender Beiträge gestatteten: Eugen Diederichs Verlag, Düsseldorf: *Willem van Vloten · Begnadete Gefräßigkeit* (aus: «Vom Gartengenuß»); S. Fischer Verlag, Frankfurt/Main: *Peter Paul Althaus · Laßt Blumen sprechen* und *Hugo von Hofmannsthal · Gartenschönheit im Kleinsten* (aus: «Gärten» Prosa II); Carl Hanser Verlag, München: *Ernst Heimeran · Vom richtigen Gießen* (aus: «Grundstück gesucht»); Insel-Verlag Anton Kippenberg, Leipzig: *Karel Čapek · Der Boden* und *Der Gärtner* (aus: «Das Jahr des Gärtners»); der Autorin: *Betty Macdonald · Der Reiz des Unerreichbaren* (aus: «Das Ei und ich»); Albert Müller Verlag, Rüschlikon-Zürich: *Richard Katz · «Ach die lieben Amseln»* (aus: «Überm Gartenhag»); Albert Langen Georg Müller Verlag, München: *August Strindberg · 18×18 Schritt Erdreich* (aus: «Blumenmalerei und Tierstücke»/Gesamtausgabe); Dietrich Reimer Verlag, Berlin: *Beverley Nichols · Da Capos* (aus: «In ein Haus verliebt») und *Das Treibhaus* (aus: «Große Liebe zu kleinen Gärten»); Scherz Verlag, Bern: *Colette · Die Rose* (aus: «Zwiesprache mit Blumen») und *Claudine · Was ist ein Garten?* und *Letzte Süßigkeiten* (aus: «Mein grünes Herz»); Elisabeth Schnack, Zürich: *Brian Cleeve · Sheila und der Paradiesgärtner;* den Autoren: *O. Skalberg · Die Sklaverei des Jätens; Eugen Skasa-Weiß · Familiensinn der Erdbeeren;* Süddeutscher Verlag, München: *Wolfgang Wehner · Der entlaufene Gartenzwerg;* Suhrkamp Verlag, Frankfurt/Main: *Hermann Hesse · Gartenpolitik* (aus: «Beschwörungen», Späte Prosa); dem Autor: *Thaddäus Troll · Wie Pater Basil den Regenwurm züchtete;* Rainer Wunderlich Verlag, Tübingen: *Johannes Guthmann · Verwandlungskünste* (aus: «Die Goldene Frucht»).

Da die Rechtsnachfolge bei einigen nicht im Lande lebenden oder verstorbenen Autoren ungeklärt ist und einige Autorenadressen nicht zu ermitteln waren, war es in diesen Fällen nicht möglich, die Nachdrucksgenehmigung einzuholen. Honoraransprüche der Autoren, resp. ihrer Erben bleiben gewahrt.